Beat Welte · Jean-Paul Thommen

GAMEBREAKER

Wie man in der digitalen Transformation
erfolgreich im Spiel bleibt

**Illustration
Achim Schmidt**

Versus · Zürich

Bibliografische Information der Deutschen Nationalbibliothek

Die Deutsche Nationalbibliothek verzeichnet diese Publikation in der Deutschen Nationalbibliografie; detaillierte bibliografische Daten sind im Internet über http://dnb.dnb.de abrufbar.

Das Werk einschließlich aller seiner Teile ist urheberrechtlich geschützt. Jede Verwertung ist ohne Zustimmung des Verlags unzulässig. Dies gilt insbesondere für Vervielfältigungen, Übersetzungen, Mikroverfilmungen und die Einspeicherung und Verarbeitung in elektronischen Systemen.

Weitere Informationen über Bücher aus dem Versus Verlag unter www.versus.ch

© 2019 Versus Verlag AG, Zürich

Umschlagbild und Illustration:
Achim Schmidt · Mainz · www.business-playground.com
Satz und Herstellung: Versus Verlag · Zürich
Druck: CPI print GmbH · Leck
Printed in Germany

ISBN 978-3-03909-262-8

Inhaltsverzeichnis

1 Suchen, wo der Schlüssel liegt 7

2 Der verlorene Kunde 21

3 Es muss nicht immer Disruption sein 27

4 Der große Digitalisierungsschock 37

5 Von Heizern und Gamebreakern 49

6 Wie Manager Gamebreaking fördern können 57

7 Gamebreaking und Fakebreaking 71

8 Kultur isst Strategie und Struktur 81

9 Sieben Schritte zum erfolgreichen Gamebreaker . . 95
Schritt 1: Die Analyse 98
Schritt 2: Die Vision 104
Schritt 3: Die radikale Kundenperspektive 113
Schritt 4: Die bewusste Entscheidung 123
Schritt 5: Das permanente Denken und Handeln 129
Schritt 6: Die Mitspieler 137
Schritt 7: Die Stolpersteine 144

10 Gamebreaker – kurz und bündig 149

Fallbeispiele 153

Fall 1: Krone aus dem Drucker –
Gamebreaker in der Zahnarztpraxis 153

Fall 2: «Harvard für alle» –
Gamebreaker im Bildungswesen 156

Fall 3: Der digitale Anlageberater –
Gamebreaker in der Vermögensverwaltung 160

Anmerkungen 164

Literatur 167

Stichwortverzeichnis 169

Personenverzeichnis 171

Firmen- und Markenverzeichnis 173

Die Autoren 175

1 Suchen, wo der Schlüssel liegt

Der österreichische Psychologe und Autor Paul Watzlawick erheitert in seinem Buch «Anleitung zum Unglücklichsein» mit der Geschichte des Betrunkenen, der unter einer Straßenlaterne seinen verlorenen Schlüssel sucht. Ein Polizist hilft ihm bei der Suche. Als der Polizist nach langem und erfolglosem Suchen wissen will, ob der Mann sicher sei, den Schlüssel hier verloren zu haben, antwortet jener: «Nein, nicht hier, sondern dort hinten – aber dort ist es viel zu finster, um den Schlüssel zu suchen.»

Ein Witz, natürlich – nur verhalten sich auch viele Unternehmen genau so wie der Betrunkene in der Geschichte. Zwar wird messerscharf analysiert, dass die allgemeine Veränderungsgeschwindigkeit als Folge der Digitalisierung stark zugenommen hat und dass Geschäftsmodelle durch Technologiesprünge heute innerhalb von Monaten (statt Jahren oder Jahrzehnten) obsolet werden. Nur gestehen sich insbesondere viele Großunternehmen kaum ein, was die daraus zu ziehende Konsequenz wäre: nicht (nur) die Optimierung des bestehenden Geschäftsmodells, sondern das radikale Infragestellen dieses Geschäftsmodells. Und dies mit allen Konsequenzen: sich selbst disruptieren, um nicht disruptiert zu werden. Dazu wäre die systematische Nutzung sämtlichen Wissens und Könnens im Unternehmen voranzutreiben, nämlich das Wissen, das in den Köpfen der Mitarbeitenden steckt. Das radikale Infragestellen des Geschäftsmodells, das Reflektieren über zugrunde liegende Annahmen sowie die Bereitschaft, etwas Grundlegendes zu ändern, ist die höchste Form des «Gamebreaking». Dieses Gamebreaking ist sowohl auf Stufe des Unternehmens, aber auch von jedem einzelnen

Mitarbeitenden zunehmend gefragt. Denn nur dieses Gamebreaking stellt langfristiges Überleben sicher.

Dieses Buch richtet sich primär an jene fünfzig Prozent der berufstätigen Bevölkerung, deren Arbeitsstellen in den nächsten Jahren durch die fortschreitende Digitalisierung bedroht sein werden (siehe Kapitel 4 «Der große Digitalisierungsschock» auf Seite 37). Ihr Blick auf die Folgen der Digitalisierung für ihre Tätigkeit wird mit diesem Buch geschärft. Sie erhalten ein Frühwarnsystem, mit dem sie erkennen können, ob sie betroffen sind oder nicht. Und sie lernen ein Instrumentarium kennen, mit dem sie sich beruflich neu erfinden und die Digitalisierung als Chance nutzen können, denn die digitale Transformation schafft auch viele neue Arbeitsplätze und bietet große Chancen zur persönlichen Veränderung. Aber auch Führungskräfte und Mitglieder von Geschäftsleitungen werden dieses Buch nützlich finden: Sie müssen nicht nur sich selbst im Digitalisierungssturm neu erfinden, sondern auch ihr Unternehmen in einer hochdynamischen Umgebung so navigieren, dass es trotz neuer und teilweise aus ungewohnter Richtung kommender Konkurrenten langfristig überleben kann. Eigenes Gamebreaking-Verhalten sowie der Aufbau einer Gamebreaking-Kultur im Unternehmen sind der Königsweg dazu.

▶ Was ist Gamebreaking?

Der Begriff «Gamebreaker» wird im angelsächsischen Sprachraum überwiegend im Bereich Sport gebraucht und dort vor allem im Eishockey. Er bezeichnet eine Person, die einen signifikanten Beitrag zum sportlichen Erfolg leistet. Also jemand, der in der Lage ist, das Spiel zu «drehen» und seinem Team zum Erfolg zu verhelfen: etwa durch einen persönlichen, außerordentlichen Effort, eine geniale Idee, einen Geistesblitz oder die mitreißende Art und Weise seines Spiels. Kurz: durch außerordentliches Denken und Handeln.

Ähnlich wird «Gamebreaking» in diesem Buch verstanden: Es ist eine Geisteshaltung, die schwierigen Situationen nicht mit dem «Mehr-desselben-Prinzip» begegnet, sondern mental einen Schritt zurückgeht und fragt: Was hat sich verändert? Wie muss ich mich und mein Verhalten verändern, um erfolgreich zu sein? Welche lieb gewonnenen Verhaltensweisen muss ich aufgeben? Welche Fakten, Werte und Meinungen sowie eingespielte Verhaltensweisen sind zu revidieren? Wie muss ich meine Wahrnehmung der Wirklichkeit ändern, um erkennen zu können, welche Lösungswege auch – und vielleicht besser, eleganter, schneller, effizienter – zum Ziel führen? Dazu braucht es eine Geisteshaltung, um buchstäblich aus der Komfortzone des durch die Lampe hell erleuchteten Bodens herauszutreten und dort zu suchen, wo es ein bisschen dunkler, schwieriger und ungewisser ist. Aber genau dort, wo letztlich der Schlüssel zum Erfolg liegt.

Radikale Gamebreaker optimieren ihr Spiel nicht nur, sondern sie definieren die Regeln neu. Sie disruptieren ein bestehendes Spiel. Gamebreaker sind dabei nicht nur die großen, vielfach beschriebenen Erfinder und Unternehmensführer der Wirtschaftsgeschichte. Digitalisierung und Automatisierung werden von uns allen in Zukunft nicht nur lebenslanges Lernen erfordern, sondern auch eine neue Geisteshaltung: den Willen und die Fähigkeit, Veränderungen wahrzunehmen und unser Verhalten nach Maßgabe dieser Veränderungen anzupassen, Vertrautes aufzugeben und neue Chancen zu packen.

Ziel dieses Buches ist es, Gamebreaking als erfolgversprechende Kultur des digitalen Wandels darzustellen und insbesondere für Unternehmensführer und Vorgesetzte Wege für den Kulturwandel in Unternehmen und für jeden Einzelnen aufzuzeigen.

Gamebreaking kann unangenehm und hart sein. Denn der Mensch strebt intuitiv nach «mehr desselben», also alles so zu machen, wie er es schon immer gemacht hat, aber einfach ein bisschen intensiver, denn das vermittelt das Gefühl der scheinbaren Sicherheit und des scheinbaren Erfolgs. Ein Ertrinkender rudert hektisch mit den Armen, um sich gegen den drohenden Untergang zu wehren, und er klammert sich umso verzweifelter an den Rettungsschwimmer, je bedrohlicher seine Lage wird, was seine Überlebenschancen ganz im Gegenteil reduziert. Bezeichnenderweise haben solche Verhaltensweisen genau dann Konjunktur, wenn gerade «weniger desselben» gefragt wäre. Also zum Beispiel, wenn Schlagzeilen über die «digitale Revolution» dominieren – und viele Unternehmensführer ratlos lassen, was dies nun eigentlich für das eigene Unternehmen heißt. Beim Ertrinken ist das Scheitern des «Mehr-desselben-Prinzips» (also wildes Rudern) offensichtlich – in der Wirtschaft ist es, wenn auch weniger augenfällig, nicht anders.

Die letzte Dekade des zwanzigsten Jahrhunderts wird gemeinhin als Startschuss für die digitale Revolution gesehen – die «Persönlichen Computer» werden für jedermann erschwinglich und verbreiten sich schnell in Haushalten und Unternehmen. Parallel dazu wird das der militärischen Nutzung vorbehaltene Arpanet zum kommerziell wie auch privat nutzbaren Internet, und das Metcalfe'sche Gesetz, ursprünglich definiert für lokale Netze, kommt im global nutzbaren Internet in einer überwältigenden Art und Weise zum Tragen: Der Nutzen nimmt mit steigender Teilnehmerzahl im Vergleich zu den Kosten überproportional zu. Und dieses Nutzenpotenzial ist gigantisch.

Die Digitalisierung führt über die Zeit zu einer stark erhöhten Veränderungsgeschwindigkeit. Durch den Plattformansatz (siehe dazu Seite 54) und die Cloud-Technologie (siehe dazu Seite 30) lassen sich neue Geschäftsmodelle sehr schnell umsetzen – und die Grenzkosten, einen neuen Kunden zu betreuen, streben dabei gegen null.

Unternehmen sehen sich zu Recht herausgefordert – und reagieren wie der Ertrinkende: nicht weniger Bürokratie, sondern mehr. Nicht kleiner, agiler, marktorientierter, sondern größer, schwerfälliger und zentralistischer. Denn das sich in den neunziger Jahren durchsetzende Mantra der Betriebswirtschaftslehre lässt sich mit drei Buchstaben beschreiben: BPR – Business Process Reengineering. Salopp gesagt und in Abwandlung des Johannesevangeliums: Am Anfang steht der zentral definierte und gesteuerte Prozess. Alle Dinge sind durch denselben gemacht, und ohne denselben ist nichts gemacht, was gemacht ist. Gleichzeitig wird ein enormer Steuerungs- und Überwachungsapparat aufgebaut, um sicherzustellen, dass der für alle und überall geltende Prozess («one size fits all») auch akribisch befolgt wird. Natürlich gab es noch einige andere Managementlehren, wie etwa Total Quality Management oder Lean Management, aber keine hatte so fundamentale Auswirkungen wie die Prozessmanie. «Prozess» und die später popularisierte «Compliance» – also die Regelkonformität – sind die beiden Begriffe, die bei Mitarbeitenden in Großunternehmen heute je nach Temperament ein Schaudern oder gequälte Resignation hervorrufen. Eingeführt haben das BPR-Konzept die beiden Autoren Michael Hammer und James Champy. Unter BPR verstehen sie das fundamentale Überdenken und die radikale Neugestaltung des gesamten Unternehmens oder zumindest der wesentlichen Geschäftsprozesse. Im Mittelpunkt aller Aktivitäten steht dabei – zumindest theoretisch – der Kunde und dessen Wünsche. Fokussiert wird auf die unternehmerischen Kernprozesse, die konsequent auf die Kundenbedürfnisse auszurichten sind. Der stark ausgebauten Informationstechnologie kommt die Rolle zu, die Prozesserfüllung effektiv und effizient zu unterstützen: Prozesse werden in IT-Systemen abgebildet und ausgeführt.

Mit der Fokussierung auf die Kundenbedürfnisse hatte BPR im Prinzip die richtige Stoßrichtung. In der Praxis gaben indes weniger die Kundenbedürfnisse, sondern der Prozess als solches als oberstes Mantra die Marschrichtung vor, und das hat Folgen, die bis heute nachwirken. Die prozessorientierte Organisationsgestaltung wurde insbesondere von global operierenden US-Unternehmen zum kritischen Erfolgsfaktor propagiert im sich verschärfenden globalisierten Wettbewerb. Die Verlockung, die gesamten Aktivitäten in Prozessen zu beschreiben, diese zu dokumentieren und die gesamte Belegschaft darauf zu trimmen, die Prozesse akribisch zu «executen», hat etwas Bestechendes: Das Unternehmen erscheint als gut geölte Maschinerie mit vielen, einfach zu ersetzenden und kostengünstigen Einzelteilchen, insbesondere die leicht austauschbaren Mitarbeitenden, die zentral prozessgesteuert und aus dem Unternehmensolymp überwacht ihrer Aufgabe nachkommen. So tut die Maschine genau das, wofür sie konstruiert wurde: Sie ist effizient, birgt keine großen negativen Überraschungen – aber sie ist über die Zeit nicht mehr effektiv, denn die Anforderungen verändern sich, die Maschine aber passt sich den Veränderungen nicht an.

Der Untertitel der Reengineering-Bibel von Hammer und Champy lautet zwar «A Manifesto for Business Revolution», doch der Untertitel täuscht: Denn es geht um alles andere als eine Revolution, sondern schlicht um eine massive Steigerung der betrieblichen Effizienz. Oder um im Bild der Maschine zu bleiben: Sie tut nach wie vor das, was sie tun soll, nur etwas effizienter. Sobald das Prozesskorsett über das Unternehmen gestülpt ist, fällt es dem Unternehmen immer schwerer, etwas völlig anderes zu tun. Es kann sich der dynnamischen Umwelt immer weniger anpassen. Die Fähigkeit, hochgradig zuverlässig und vorhersehbar zu sein, hat einen hohen Preis: positive Überraschungen und Anpassungsleistungen bleiben aus. Wenn eine Geschäftsleitung in Prozessen und in Prozessoptimierung denkt, dann sind große unternehmerische Würfe eher selten.

Das Unternehmen verhält sich wie ein Verdurstender in der Wüste, der die Orientierung verloren hat und im Kreis geht – und dies immer schneller. Denn das zugrunde liegende Maschinenmodell beruht auf einem relativ einfachen Baukastenprinzip mit monokausalen Ursache-Wirkungs-Annahmen (schneller gehen = schneller ans Ziel kommen). Diese simple Vorstellung des Unternehmenssystems war – wenn überhaupt – noch zu Zeiten eines Tante-Emma-Ladens hilfreich. In hochdynamischen, komplexen Marktsituationen und globalen, vielfach verwobenen Unternehmenssystemen taugt es indes nur beschränkt: Wenn alle Großunternehmen in einen BPR-Wettlauf verfallen, dann wird jenes kurzfristig Vorteile haben, das dies am geschicktesten anstellt. Unter Blinden ist der Einäugige König – gerade in den im Quartalsdenken verhafteten Großunternehmen ist dies von entscheidender Bedeutung.

Heute, da viele Großunternehmen brutal disruptiert worden sind, wird immer offensichtlicher, dass dieses Maschinenmodell und die den Mitarbeitenden zugedachte mechanistische Rolle in einem ganz wesentlichen Aspekt versagen: Das Unternehmen kann sich nicht dynamisch auf die immer schneller wechselnden Marktsituationen einstellen – etwa auf neue Kundenwünsche oder neue Mitbewerber aus fremden Branchen. Und das ist fatal, denn die zunehmende Veränderungsgeschwindigkeit erfordert eine hohe Anpassungsfähigkeit selbst im unternehmerischen «Pflichtteil». Dieser «Pflichtteil» lässt sich als «Management 1. Ordnung» beschreiben, also Handeln innerhalb vorgegebener Strukturen, Prozesse und Spielregeln: Das ist Arbeiten im System.[1] BPR adressiert ausschließlich die Optimierung im Management 1. Ordnung, tut dies aber auf eine sehr schwerfällige Art und Weise, die der zunehmenden Marktdynamik nicht gerecht werden kann.

Die Grenzen der Prozess-Revolution zeigt fünfzehn Jahre später der Ökonom Eric D. Beinhocker auf:[2] Das Konzept der Evolution sei nicht auf die Biologie beschränkt, sondern sei ein Algorithmus für die Innovation ganz generell und damit auch auf die Wirtschaft anzuwenden. Allerdings stelle sich das Problem, dass die Märkte beziehungsweise die wirtschaftliche Veränderung gerade in der heutigen Zeit hoch dynamisch sei – die meisten Unternehmen aber ganz und gar nicht. Ähnlich wie in der evolutionären Entwicklung der Natur sterben damit Unternehmens-Dinosaurier aus – sie werden von der wirtschaftlichen Evolution ausradiert, ohne die Chance, sich anpassen zu können.

Aus der Praxis **Wenn Branchenführer scheitern**

Die Digitalisierung erhöht die Veränderungsgeschwindigkeit in atemberaubendem Maße, stellt hohe Anforderungen an die Unternehmen und macht auch vor scheinbar unbestrittenen Branchenführern nicht halt. Ein bekanntes Beispiel ist Nokia. Anfang dieses Jahrhunderts war Nokia praktisch ein Synonym für die Mobiltelefonie. Noch 2005 sah das Unternehmen kein Problem in der Übernahme des Betriebssystems Android durch Google und optimierte weiter munter *im* System – und ignorierte die fundamentalen Marktveränderungen, die ein Arbeiten *am* System nahegelegt hätten, frei nach Mark Twain: «Nachdem sie das Ziel endgültig aus den Augen verloren hatten, verdoppelten sie ihre Anstrengungen.» 2013 mussten die Finnen ihr serbelndes Handy-Geschäft an Microsoft verkaufen. Doch selbst die geballte Marktmacht des Softwareriesen half nichts – Android-basierte Mobilgeräte und iPhones von Apple dominieren heute den Markt. Dauerte es bei Nokia noch mehr als zehn Jahre, um den Branchenführer zu entmachten, dreht sich das Karussell heute wesentlich schneller. Noch werden Uber und Airbnb als Paradebeispiele für disruptive Geschäftsmodelle gefeiert, doch schon laufen sie Gefahr, selbst beiseitegefegt zu werden: Denn wer braucht schon diese milliardenschweren Unternehmen, wenn die Blockchain-Technologie den an der Transaktion Beteiligten die direkte Abwicklung erlaubt?

Somit zeigt sich ein noch sehr viel größeres Defizit: Das Konzept der Evolution erfordert nicht nur eine hohe Anpassungsfähigkeit beim *Arbeiten im System,* was mit dem BPR-Maschinenmodell kaum zu leisten ist. Gefragt wäre darüber hinaus auch ein *Arbeiten am System,* um in der grausamen Evolutionsdynamik überleben zu können, in der die Schwachen und Langsamen gnadenlos weggefegt werden. Das Arbeiten am System, auch als «Management 2. Ordnung» bezeichnet, ist intellektuell und emotional enorm anspruchsvoll, denn hier geht es um das grundsätzliche Reflektieren über das eigene Geschäftsmodell. Es geht um nicht weniger als die Fähigkeit, sich selbst und die eigene Existenzberechtigung im Hinblick auf veränderte Markt- und Kundenerfordernisse in Frage zu stellen – und allenfalls die notwendigen fundamentalen Schlüsse zu ziehen und tiefgreifende Veränderungen einzuleiten. Das ist offensichtlich meilenweit von der im BPR propagierten Prozessoptimierung entfernt, bei der es ausschließlich darum geht, irgendeine Arbeit auf eine bestimmte Art oder ein bisschen anders zu erledigen.

Diese Herausforderung gilt aber nicht nur für Unternehmen, sondern auch – wie noch zu zeigen sein wird – für jeden Einzelnen von uns. Denn Unternehmen und Mitarbeitende sind untrennbar miteinander verbunden: Ein Unternehmen als Ganzes wird diese Arbeit am

System kaum erbringen können, wenn es die Mitarbeitenden zu mechanistischen «Prozesserfüllern» degradiert. Mitarbeitende wiederum werden es in einer auf Gehorsam und rigide Prozesserfüllung geprägten Kultur schwer haben, im Rahmen ihres Verantwortungsbereiches über das System nachzudenken und zu Gamebreakern zu werden – weil dies weder gewünscht noch belohnt wird.

Für Unternehmen wie auch für jeden Einzelnen von uns ist es enorm anspruchsvoll, eine solche Geisteshaltung – also die Geisteshaltung des «Gamebreaking» – mit der entsprechenden Veränderungsbereitschaft aufrechtzuerhalten, denn Unternehmen wie auch Individuen streben nach Routine und Sicherheit. Zwar ist «Change», also der «Wandel», ein sowohl in der Wirtschaft als auch in der Politik hochgehaltenes und positiv konnotiertes Schlagwort, aber ein angelsächsisches Sprichwort entlarvt diesen Mythos treffend: «The only one who wants to have change is a wet baby.»

Denn Unternehmen wie Menschen fühlen sich sehr viel weniger bedroht, wenn sie nur Vorgaben erfüllen oder über eine simple Prozessoptimierung nachdenken müssen als wenn sie sich selbst in Frage stellen sollen. Nur ist es gerade diese notwendige unternehmerische Herausforderung, das «Out-of-the-Box Thinking», welches Unternehmen das langfristige Überleben ermöglicht. Genau diese Herausforderung ist mit der Bedrohung durch die Digitalisierungswelle wesentlich wichtiger geworden – und wurde von der Prozessmanie in den Hintergrund gedrängt.

Die Fixierung auf den Prozess lenkt auch nur allzu oft vom eigentlichen Unternehmenszweck ab: den Kunden einen Mehrwert zu erbringen. Wenig überraschend ist als Folge davon das Leben auch für sehr große und etablierte Unternehmen in den letzten Jahren härter geworden. Die Digitalisierung gewinnt zunehmend an Breite, Tiefe und Schnelligkeit. Einer Studie des Forschungsinstitutes Innosight zufolge schrumpft die Lebenserwartung der größten, im Index S&P abgebildeten US-Unternehmen bedenklich: Betrug die Lebenserwartung 1964 stolze 33 Jahre, reduzierte sie sich 2016 auf 24 Jahre und wird 2027 noch ganze 12 Jahre betragen.[3]

Ganz offensichtlich befinden wir uns heute in einer Phase, in der sich die Veränderungsgeschwindigkeit so sehr erhöht hat, dass Optimierungen im System ein langfristiges Überleben nicht mehr garantieren. Auf die Erhöhung der allgemeinen Veränderungsgeschwindigkeit reagieren die meisten Unternehmen – neben der immer rigideren Prozessorientierung – mit dem Abbau von Kosten durch Offshoring, der Optimierung der Steuerbelastung oder ähnlichen Maßnahmen. Das ist gut nachvollziehbar – denn das Arbeiten im System ist in der kurzen Frist ein probates Mittel, um Wettbewerbsvorteile gegenüber Mitbewerbern zu erlangen. Es scheint auch sehr viel risikoloser, ein gut bekanntes Geschäftsmodell zu optimieren, als ein neues zu definieren und zu implementieren, denn die Gefahr des Scheiterns ist in diesem Fall wesentlich höher. Zudem lassen sich durch die Optimierung kurzfristig die Probleme überdecken – bis zum großen Kollaps.

Allerdings ist die Wahrnehmung von Risiken oft trügerisch, wie das Beispiel der beiden Männer in der Wüste zeigt, die von einem Löwen bedroht werden. «Ich muss nicht schneller laufen als der Löwe», meint der eine zum anderen, «sondern nur schneller als du.» Zwar ist das nicht von der Hand zu weisen, doch gilt auch: In der Wüste gibt es noch andere Löwen – wie auch viele unbekannte zusätzliche Gefahren. Auf Unternehmen übertragen: Die betriebliche Effizienz zu erhöhen, um sich gegen bekannte Wettbewerber durchzusetzen, ist gut, aber keine Garantie dafür, dass man nicht durch disruptive, teilweise branchenfremde neue Konkurrenten sehr schnell obsolet wird.

Unternehmen tun deshalb gut daran, sowohl für das Arbeiten *im* System als auch für jenes *am* System eine Haltung einzunehmen, die Evolution und Anpassung sozusagen in der DNA hat. Sie tun auch gut daran, auf das geballte Wissen, Können und Wollen ihrer Mitarbeitenden zu setzen – denn Innovation kommt nicht nur von oben nach unten. Ganz im Gegenteil: In Zeiten erhöhter Veränderungsgeschwindigkeit sind Innovationen durch kundennahe Mitarbeitende Gold wert – und traditionelle, langsame Wege zur Innovation (über Forschung und Patente) verlieren an Bedeutung (siehe Kapitel 7

«Gamebreaking und Fakebreaking» auf Seite 71). Die Mitarbeitenden ihrerseits tun gut daran, sich auf diese ganz persönliche Herausforderung einzustellen und zu Gamebreakern zu werden, damit sie eine berufliche Zukunft haben.

Basierend auf dem Management 1. Ordnung, ausgerichtet auf die Strukturen und Prozesse des Unternehmens, ist ein Management 2. Ordnung vorzusehen, das im Allgemeinen sehr viel fundamentalere Veränderungen zur Folge hat. Quasi ein Metamanagement, welches das Geschäftsmodell und die ihm zugrundeliegenden Hypothesen permanent reflektiert und den sich verändernden Bedingungen anpasst, um die sich bietenden Möglichkeiten zum eigenen Vorteil zu nutzen. Dasselbe gilt – mutatis mutandis – auch für jeden Einzelnen von uns: sich darauf einzustellen, dass Prozesserfüllung allein nicht mehr genügt. Oder aber, falls Prozesserfüllung in einem Unternehmen genügt, sich bewusst sein, dass man ein zweifaches Risiko eingeht: abgebaut zu werden oder – noch schlimmer – mit dem in der Prozessmanie erstarrten Unternehmen unterzugehen. Gefragt ist deshalb eine Kultur des Gamebreaking von Managern und Mitarbeitenden.

▶ **Aus dem Gruselkabinett der Anti-Gamebreaker: Forecast Calls, Reporting, Country Reviews**

Wie kann ein Unternehmen zu einem Gamebreaker werden? Der erste Schritt dazu ist, lieb gewordenes Verhalten abzulegen, das eine echte Gamebreaker-Haltung verunmöglicht. Viele traditionelle Großunternehmen funktionieren nämlich nach einem ganz einfachen Führungsgrundsatz, den man als «Predict and control» bezeichnen könnte. Die Zentrale macht Vorgaben, die Geschäftseinheiten und Landesorganisation haben zu liefern und werden akribisch und permanent kontrolliert. Die entsprechenden Führungsinstrumente dafür sind Forecast Calls, ein aufwendiges, mindestens wöchentliches Reporting und Country oder Business Reviews.

Das Prinzip und die Führungsinstrumente scheinen auf den ersten Blick sinnvoll – bei näherem Betrachten verkörpern sie vieles von dem, was Großunternehmen daran hindert, langfristig erfolgreich zu sein. Aus jahrzehntelanger eigener Erfahrung eines Autors dieses Buches lassen sich fünf *Anti-Gamebreaking-Axiome* ableiten:

Axiom 1 – Defokussierung: Je schlechter es einem Unternehmen geht, desto mehr setzt es auf «Predict and Control»-Mechanismen. Diese verschärften Kontrollmechanismen werden eingeführt mit der scheinbar einleuchtenden Begründung, verstehen zu wollen, was schiefläuft. Das hat aber verheerende Folgen, denn es bindet enorm viele Ressourcen, ohne dass ein Kunde einen Vorteil daraus hätte. Und es lenkt den Blick und die Energie der Geschäftseinheiten und Landesorganisationen, die das Geschäft eigentlich vorantreiben und ihren Kunden einen Mehrwert bringen sollen, auf rein interne Alibiübungen.

Axiom 2 – Verwirrung: Je mehr ein Unternehmen auf starre «Predict and control»-Mechanismen setzt, desto weniger wird es verstehen, was schiefläuft. Und dies aus einem einfachen Grund: «Predict and control»-Übungen werden typischerweise dann in Überdosis verordnet, wenn die Ziele verfehlt werden. Wenn ein ganzer Bereich, ein Land oder ein Vertriebsmitarbeitender die Vorgaben verfehlt, ist das schlimm – der Betreffende ist nicht «predictable». Aber noch sehr viel schlimmer – und allenfalls «career-ending» – ist es, wenn der Betroffene nicht erklären kann, warum zum Beispiel die Großbestellung von Kunde X ausgeblieben ist. Nun können die Gründe dafür mannigfaltig sein: das Ordering-System beim Kunden ist ausgefallen, wegen eines personellen Wechsels an der Spitze wurden alle Bestellungen gestoppt oder schlicht und ergreifend hat jemand vergessen zu bestellen. Es können buchstäblich Hunderte von Gründen sein, die der entsprechende Vertriebsmitarbeitende unmöglich kennen kann. Nur muss er vorgeben, den Grund genau zu kennen. Denn das ehrliche «weiß ich nicht» wäre tödlich. Um zu überleben, wird er die Wirklichkeit so konstruieren, dass erstens der Eindruck entsteht, er kenne den Grund ganz genau, und zweitens, es treffe ihn beim besten Willen keine Schuld für die nicht eingetroffene Bestellung. Es wird ein Bild einer «objektiven», monokausalen Wirklichkeit an der Kundenfront konstruiert und gleichzeitig wird vorgegaukelt, dass der Mitarbeitende den Kunden «im Griff» hat, und dies nur mit einem Ziel: noch ein Quartal Gnadenfrist zu erhalten.

Axiom 3 – Simplifizierung: Die Fiktion der «objektiven Wirklichkeit» und die Fiktion der «Beherrschbarkeit» und «alles im Griff zu haben» führen zu einer simplifizierten Sichtweise der Wirklichkeit – und wenig hilfreichen Handlungsanweisungen aus den Führungsetagen. Wenn ein Vertriebsmitarbeitender beispielsweise seine Margenziele verfehlt, wird ein Europa-Vorgesetzter, ohne dabei rot zu werden, den ganz einfachen Lösungsvorschlag machen: Verkauf ein bisschen mehr vom Produkt X, denn da sind die Margen besser. Natürlich hat der Vorgesetzte selbst einmal im Land und ganz nah an der «Kundenfront» gearbeitet – und er wusste damals ganz genau, dass die Sache nicht so einfach ist. Nur: Nun ist er auf Stufe Europa angesiedelt und übernimmt blitzschnell (manchmal innert Tagen) die ihm zur Pflicht gemachte Perspektive auf die Wirklichkeit: Wir haben es im Griff, und wenn doch etwas nicht gut ist, dann «executen» die da unten einfach nicht richtig. Das führt dann zu gegenseitiger Frustration: Der Vertriebsmitarbeitende fühlt sich veräppelt, der Europa-Boss nicht ernst genommen, wenn sein Ratschlag nicht unverzüglich umgesetzt wird.

Axiom 4 – Vernebelung: Je schlechter es einem Unternehmen geht, desto weniger dürfen die wahren Gründe dafür genannt werden. Je schlechter es einem Unternehmen geht, desto mehr fühlen sich insbesondere die höheren Kader gefährdet. Denn ein Account-Manager oder ein Service-Mitarbeitender an der «Kundenfront» erbringt eine messbare Leistung (Umsatz, Kundenzufriedenheit) und wird oft durch seinen Kunden geschützt. Das mittlere und obere Management ist nur durch sich selbst geschützt – aber wenn es hart auf hart kommt, dann hackt eine Krähe auch einer anderen ein Auge aus. Dies führt zu drolligen, allerdings für das Unternehmen auch tragischen Vernebelungstaktiken in den sogenannten Country oder Business Reviews. In einem solchen Review evaluiert das höhere Management-Team eine Landes- oder Geschäftseinheit. Country Reviews sind straff strukturierte Übungen, oft mit Formatvorlagen für die Powerpoint-Slides und engem Zeitplan, der verhindert, dass spontane Gespräche entstehen. Bevor es allerdings zu dieser meist mit vielen Slides und unendlich vielen Datenfriedhöfen in Excel-Sheets angereicherten Reviews kommt, werden bis zu sieben Probeläufe angeordnet, die von verschiedenen Vorgesetzten im mittleren Management geführt werden. In diesen Probeläufen geht es vor allem um eines: den Prüflingen politische Korrektheit einzubläuen, und zwar aus folgendem Grund. Wenn es nämlich schlecht läuft, sind die Ursachen für das Versagen oft nicht bei externen Faktoren oder den Mitarbeitenden an der «Kundenfront» zu suchen, sondern bei ebendiesen mittleren oder oberen Unternehmenskadern. Doch das auszusprechen könnte in der – wegen der schlechten Resultate – aufgeheizten Stimmung zu empfindlichen Reaktionen vor allem im besonders exponierten höheren Management führen. Deshalb erhält das lokale Management meistens zwei Vorgaben: Erstens kritisch nur solche Punkte anzusprechen, die man im Land selbst lösen kann (kein «Fingerpointing», und schon gar nicht nach oben!). Und zweitens die schlechte Performance auf die mangelhafte lokale «Execution» zu schieben.

Axiom 5: Cost-Cutting-Gone-Wrong: Zentralistisch geführte Unternehmen reagieren auf Probleme mit Kostensenkungsmaßnahmen – am völlig falschen Ort. Wenn die Geschäftszahlen schlecht ausfallen, haben Unternehmen mehrere Handlungsvarianten. Kosten zu sparen ist eine davon. Nur passiert das in hierarchisch geführten, prozessgesteuerten Großunternehmen häufig am falschen Ort: bei Mitarbeitenden, die in den Geschäftseinheiten und in Landesorganisation nahe bei den Kunden viel zur Wertschöpfung des Unternehmens beitragen. Im Prozessdenken geht diese einfache Erkenntnis häufig vergessen: Die Mitarbeitenden an der Kundenfront sind in der Wahrnehmung der Prozess-Steuerer relativ unwichtig. Sie «executen» bloß (und das ungenügend, sonst wären die Resultate nicht so schlecht!) und können leicht ersetzt werden.

Außerdem ist der Abbau von hierarchisch weit entfernten Mitarbeitenden emotional weit weniger einschneidend als der Abbau im höheren oder mittleren Management.

Es ist offensichtlich, dass ein solches Verhalten gemäss diesen Axiomen und die daraus resultierende Unternehmenskultur keine adäquate Anpassungsleistung an sich verändernde Marktsituationen zu leisten imstande ist. Ganz im Gegenteil: Es führt zu einer geistigen Erstarrung, blinder Prozesserfüllung und mannigfachen individuellen Überlebensstrategien, die nichts mit dem Unternehmenserfolg zu tun haben, diesen sogar behindern. Nicht selten geben Mitarbeitende in solchen Unternehmen ihrer Verwunderung Ausdruck, dass das Unternehmen auf der Basis solch offensichtlicher Fehlleistungen überhaupt existieren könne. Die Antwort darauf ist einfach: Das Schwungrad von Großunternehmen, teilweise seit Jahrzehnten angetrieben, dreht sich auch dann noch, wenn niemand mehr wirklich Schub verleiht – zumindest für eine gewisse Zeit.

Lessons learned

- Unternehmen mit einer zentralistischen Führung auf der Basis eines starren Prozessmanagements sind nicht in der Lage, sich auf eine immer dynamischere Markt- und Wettbewerbssituation einzustellen.
- Das Prozessdenken führt zu einer Kultur der Prozesserfüllung und Systembefriedigung als Selbstzweck.
- Auf die Bedrohung, disruptiert zu werden, reagieren viele Unternehmen mit «mehr desselben»: mit einem rigideren Prozesskorsett mit noch aufwendigeren Kontrollmechanismen.
- Gamebreaking ist eine Geisteshaltung: Sich selbst, sein Geschäftsmodell und die dahinter liegenden Hypothesen sowie die eigene Leistung im Unternehmen immer wieder kritisch in Frage zu stellen – mit dem Ziel, bessere innovative Lösungen zu finden.
- Jedes Unternehmen und jeder einzelne Mitarbeitende muss seine Gamebreaking-Fähigkeiten stärken, um langfristig eine (berufliche) Existenzberechtigung und Überlebenschance zu haben.

2 Der verlorene Kunde

Die Karriere des größten Gamebreakers, den die Schweiz wahrscheinlich je hervorgebracht hat, beginnt mit zwei Pleiten: 1923 wurde der Kolonialwarenhändler Sigg & Duttweiler liquidiert. Der eine der beiden Inhaber wanderte in der Folge nach Brasilien aus. Dieser setzte kurz darauf – nach einem weiteren Misserfolg, aber mit neuer Perspektive auf den Handel bereichert – zu einem beispiellosen Gamebreaking an. Seine «spielbrechende» Idee: Den Zwischenhandel eliminieren und eine Verkaufsorganisation aufbauen, die direkt vom Produzenten zum Konsumenten führt. Am 15. August 1925 gründete Gottlieb Duttweiler zu diesem Zweck die Migros. Die «Brücke» wurde dabei zum Symbol für diesen Brückenschlag (vom Produzenten zum Konsumenten) und zum Markenzeichen der Migros.

Damit machte Duttweiler etwas, was auch heutiges «modernes» Gamebreaking auszeichnet: Er eliminierte eine ganze Stufe in der Wertschöpfungskette und sah sich damit in die Lage versetzt, seinen Kunden die Produkte wesentlich günstiger anzubieten als die Konkurrenz. Nichts anderes, aber noch etwas radikaler, macht das heute der Online-Händler Zalando, der den traditionellen Detailhandel in Angst und Schrecken versetzt und stark wächst. Das ist echtes, auf den Kunden und den Kundennutzen ausgerichtetes Gamebreaking: Denn kein Kunde hat ein Interesse daran, mehrere unnötige Stufen in einer Wertschöpfungskette zu füttern, die das Endprodukt verteuern. Wem das offensichtlich und banal erscheint, der sei daran erinnert, dass auch heute noch sehr erfolgreiche Geschäftsmodelle auf der Basis aufgeblähter und ziemlich nutzloser Wertschöpfungsketten basieren: 2012 starb einer der reichsten Schweizer, Walter Haefner, der einen Großteil seines Vermögens mit dem exklusiven Generalimport von Autos über die Firma Amag erzielt hat. Es ist also auch heute noch durchaus möglich, mit Zwischenhandel reich zu werden – bis früher oder später – wahrscheinlich eher früher! – auch hier irgendwann ein Gamebreaker kommt und den Schweizern billige Autos bringt. Erste Ansätze mit Direktimporteuren sind immerhin schon erkennbar.

Indes war Duttweiler noch in anderer Hinsicht ein Gamebreaker, der auch heute viele Nachahmer findet: Kunden wollen nämlich nicht nur kostengünstige Produkte, sie wollen diese Produkte auch bequem und mit möglichst kleinem Aufwand und Zeitverlust erwerben. Und auch hier erwies sich der Migros-Gründer als höchst einfallsreich. Wenn der Berg nicht zum Prophet kommt, dann muss der Prophet eben zum Berg gehen, mag sich Duttweiler gesagt haben: Mit einem Startkapital von 100 000 Franken erwarb er fünf Ford-T-Lastwagen und bestückte diese mit sechs Basisartikeln (Kaffee, Reis, Zucker, Teigwaren, Kokosfett und Seife), die er zum Teil bis zu 40 % günstiger als die Konkurrenz anbot – und dies direkt vor der Haustür. Auch dieser «spielbrechenden» Idee von Duttweiler wird heute in vielfachen Varianten nachgelebt: Die Pizza muss nicht mehr in der Pizzeria erworben werden, sondern wird ins Haus geliefert.

Oder noch ein bisschen futuristischer, aber bereits Realität: Mit dem Tintenlieferservice von HP bekommt der Kunde die Tinte automatisch zugeschickt: Der Drucker erkennt den «Notstand» und löst automatisch eine Bestellung bei HP für neue Tinte aus.

Duttweiler war zeitlebens eine Figur, die stark über das schweizerische Mittelmaß herausragte und stark polarisierend wirkte. Neben der Migros gründete er auch seine eigene Zeitung sowie eine politische Partei und scheute sich auch in späteren Jahren nicht, seine Meinung sehr «handgreiflich» kundzutun: Weit über die Landesgrenzen hinaus sorgte ein Steinwurf von Duttweiler 1948 für großes Aufsehen: Der bekannte Unternehmer und Parlamentarier Duttweiler warf eine Fensterscheibe im Bundeshaus zu Bern ein aus Protest, dass sein Vorstoß zur wirtschaftlichen Landesverteidigung verschleppt wurde.

Gamebreaker, so lernen wir, sind häufig kontroverse, polarisierende, «unbequeme» Zeitgenossen. Unternehmen müssen das aushalten können, wollen sie den Nutzen aus Gamebreaking abschöpfen können. Das fällt nicht immer leicht: Noch heute findet man ältere Menschen, die niemals einen Migros-Laden betreten würden, weil ihnen die Migros mit ihren «radikalen» Ideen immer noch suspekt erscheint. Umso erstaunlicher ist es, dass die Migros zum größten und erfolgreichsten Detailhändler aufsteigen konnte, und dies, obwohl Duttweiler neben seiner polarisierenden Gamebreaker-Persönlichkeit noch einen anderen Wettbewerbsnachteil hatte: Er bot aus Überzeugung keinen Alkohol und Tabak an.

Die radikale Kundenorientierung von Duttweiler steht in scharfem Kontrast zur Art und Weise, wie die heutigen Unternehmen operieren. Wie wir im vorherigen Kapitel gelernt haben, sind prozessorientierte Großunternehmen heute vor allem mit sich selbst beschäftigt, und radikale neue Ansätze wie derjenige von Duttweiler bleiben aus. Das mit sich selbst beschäftigte System wird aber dysfunktional, weil es seinen eigentlichen Existenzzweck völlig aus den Augen verliert: dem Kunden einen möglichst großen Mehrwert zu liefern.

Das hat jeder von uns schon in der einen oder anderen Form erlebt. Nämlich dann, wenn er ein Problem mit einem Produkt oder einer Dienstleistung eines großen Unternehmens hat. Kontaktiert man das Unternehmen, landet man unweigerlich in einem «Servicecenter», das im besten Fall im eigenen Land, wahrscheinlich aber weit weg und in nicht seltenen Fällen in Indien oder Nordafrika angesiedelt ist. Aus Sicht der Unternehmensorganisation liegen solche «Servicecenter» (und damit der Kunde mit seinem Problem) an der «Peripherie» des Unternehmens, und dessen Mitarbeitende stehen oft schlecht bezahlt an der untersten Stelle in der Hierarchie. Sie sind mit keinerlei Kompetenzen, dafür mit einem Fragebogen ausgestattet, der die dreißig häufigsten Probleme abdeckt. Schlechte Telefonleitungen und mangelnde Sprachkenntnisse des Gegenübers erschweren es oft, sein Anliegen überhaupt anzubringen. Immerhin: Liegt man innerhalb der dreißig vom Prozess vorgesehenen «Standardanliegen», hat man zumindest eine Chance auf eine zufriedenstellende Antwort bzw. Lösung seines Problems. Liegt man aber außerhalb, dann nimmt das Unternehmen meistens in Kauf, dass der Kunde mit seinem ungelösten Anliegen unzufrieden zurückbleibt. Denn solche Großunternehmen bieten den Kunden niemals das Beste, sondern nur so viel wie nötig. Ganz im Sinne des Löwenbeispiels im ersten Kapitel: Ich muss nicht schneller als der Löwe sein, sondern nur schneller als der andere im Wettrennen.

In solchen Unternehmen geht der Kunde buchstäblich verloren – und er fühlt sich auch verloren: nämlich im undurchdringlichen organisatorischen Gewirr eines Unternehmens, das schlicht nicht dafür gemacht ist, ihm zu helfen. Statt dem Kunden zu helfen, schiebt das Unternehmen das Problem häufig zurück im Sinne von: selbst schuld.

Unternehmen lassen unzufriedene Kunden als Kollateralschaden zurück und vergeben genau dort ihre größte Chance: Denn wo Kunden unzufrieden sind, besteht das größte Potenzial, sich selbst in Frage zu stellen, etwas anders zu machen und das Kundenbedürfnis wirklich zu erfassen und zu erfüllen. Aber genau dies geschieht

Aus der Praxis — Lidl – Gamebreaking mit Chatbots

Das Disruptionspotenzial ist immer dort am höchsten, wo der Kundenschmerz am größten ist. Dies ist meistens an der Schnittstelle zwischen Unternehmen und Kunden der Fall. Denn die meisten Unternehmen sind organisatorisch kozentrisch aufgebaut: Im Zentrum steht nicht etwa der Kunde, sondern die Geschäftsleitung, und darum herum gruppieren sich Geschäftseinheiten und Funktionen, in abnehmender Bedeutung gegen außen. An der «Peripherie» vollzieht sich der Kundenkontakt. Je weiter weg vom Zentrum, desto tiefer im Allgemeinen die Bezahlung, die Entscheidungskompetenz und – oft bedingt durch häufige Wechsel – auch das Wissen.

Diese Situation wird sich in den nächsten Jahren dramatisch ändern mit Chatbots, textbasierten «intelligenten» Dialogsystemen: Nach vielen holprigen Versuchen – etwa der 2016 stillgelegte Chatbot Anna von Ikea – werden sich die digitalen Helfer in den nächsten Jahren höchstwahrscheinlich durchsetzen. Mussten frühere Chatbots mühsam und mit viel menschlichem Aufwand trainiert werden, lernen heutige Chatbots dank Künstlicher Intelligenz beziehungsweise Machine Learning selbständig dazu – sie werden mit jeder Kundenanfrage «gescheiter».

Hinzu kommen enorme Fortschritte in den Natural-Language-Processing-Fähigkeiten (maschinelle Verarbeitung natürlicher Sprache) und Sentiment Analytics (Stimmungserkennung): Kombiniert mit einem Avatar (einer virtuellen Figur) werden Chatbots bald in der Lage sein, sich mit Menschen natürlich zu unterhalten, sich dabei situations- beziehungsweise stimmungsgerecht zu verhalten und dank unbeschränktem Zugang zu relevanten Wissensdatenbanken zu (fast) allem Auskunft zu geben – und das rund um die Uhr, ohne Urlaub oder krankheitsbedingte Ausfälle und «brain drain» (Wissensschwund) bei Kündigungen.

Die allerbesten Chatbots in den Labors sollen bereits heute so gut sein, dass es schwer ist, sie im Dialog von menschlichen Wesen zu unterscheiden. Ein durchschnittlicher Chatbot hingegen versteht heute erst etwa 60 bis 70 Prozent der gesprochenen Sprache. Verbreitet sind deshalb vor allem Chatbots auf der Basis von Text.

Lidl setzt – aufbauend auf Facebook Messenger – die Chatbot «Margot» ein, die den Konsumenten in England zum richtigen Wein verhilft. Auf die Frage «Welche Burgunder können Sie mir empfehlen?» folgt prompt die Antwort der «persönlichen Favoriten» mit einem Mâcon Villages für 6.99 Pfund an der Spitze. Eine Spielerei? Vielleicht. Aber gemäß einer Studie des Forschungsunternehmens Spiceworks sind 2018 rund 40% der Großunternehmen dabei, solche Chatbots aufzuschalten. Denn wer obenauf schwingt, wird seinen Kunden einen so hervorragenden Service bieten können, der mit «normalen» Mitteln kaum finanzierbar wäre. Und wer früh beginnt, hat gute Chance, zum Gamebreaker in seiner Branche zu werden.

nicht, denn kein zentralistisch geführtes und prozessorientiertes Großunternehmen ist so aufgestellt, dass es sich von der Peripherie her und mit dem Input von hierarchisch tiefgestellten Mitarbeitenden neu erfinden könnte. Es ist deshalb nicht überraschend, dass sie disruptiert werden von Unternehmen, die den Fokus genau darauf legen: Wie kann ich einem Kunden mit möglichst geringem Aufwand einen möglichst großen Mehrwert erbringen und zwar genau dort, wo seine größte Unzufriedenheit ist. Wegen dieser Unzufriedenheit werden die Angriffsflächen der Großunternehmen immer größer. Und damit bieten sich für die Herausforderer vielfältige Chancen für ein erfolgreiches Gamebreaking.

Lessons learned

- Gamebreaking ist nicht neu, sondern war schon zu Duttweilers Zeiten gefragt. Durch die stark erhöhte Veränderungsgeschwindigkeit und tiefgreifenden Veränderungen ist die Notwendigkeit für Gamebreaking indes stark gestiegen.
- Echte Gamebreaker können ihre Idee wie Duttweiler in einen Satz fassen: «Ich senke die Preise durch Ausschalten des Zwischenhandels und bringe die Produkte vor die Haustüre des Kunden.»
- Gamebreaker erfinden neue Geschäftsmodelle, indem sie oft unnötige Stufen in der Wertschöpfungskette ausradieren (Zwischenhandel) und dem Kunden auf diese Weise einen Mehrwert bringen.
- Gamebreaker stellen die Dinge auf den Kopf und lösen sich von Dingen, die «schon immer so gemacht wurden»: Nicht der Kunde geht in das Geschäft zu den Produkten, sondern die Produkte kommen zum Kunden.
- Gamebreaker im Sinne von Disruptoren sind oft stark polarisierende, politisch nicht immer korrekte Menschen: Ein Fenster im Bundeshaus einzuwerfen ist eigentlich ein No-Go – das sollte aber nicht von der Leistung des Gamebreakers ablenken.
- Dort, wo der größte Kundenschmerz ist, befindet sich die Stelle mit dem größten Disruptionspotenzial.

3 Es muss nicht immer Disruption sein

Gottlieb Duttweiler war ein Gamebreaker, der nicht nur eine ganze Branche revolutioniert hat (den Detailhandel), sondern als Politiker mit einer neu gegründeten Partei (Landesring der Unabhängigen) und einer Zeitung («Die Tat») enorm tiefe und breite Spuren hinterlassen hat. Diese Spuren wären noch heute wesentlich deutlicher, wenn die Nachfolger von Duttweiler mehr von seinem Geist geerbt hätten, was aber nicht der Fall ist. Fairerweise muss man sagen: Duttweiler war eine Jahrhundertfigur. Kann eine solche, in ihrem Anspruch und ihrer Wirkung erdrückende Jahrhundertfigur wirklich das Vorbild für modernes Gamebreaking sein? Schließlich ist nicht jeder von uns ein Duttweiler – und es ist auch nach dem Lesen dieses Buches nicht wahrscheinlich, dass Duttweilers gleich hundertfach aus dem Boden schießen.

Die Antwort darauf liegt in einer Begriffsklärung von Gamebreaking und Disruption. Der Harvard-Professor Clayton M. Christensen gilt als Erfinder des Begriffs «Disruptive Innovation», oft auch einfach als «Disruption» bezeichnet. Allerdings wird dieser Begriff allzu oft falsch verwendet, wie Christensen zu bedenken gibt. Er schlägt vor, drei Formen der Innovation auseinanderzuhalten.

1. *Effizienz-Innovation:* Ein Unternehmen verbessert die Produktion oder den Verkaufsprozess und erreicht damit dieselben Resultate, aber mit geringerem Aufwand und geringeren Kosten. Ein Autohersteller gestaltet die Herstellung effizienter, beispielsweise durch Automatisierung bestimmter Arbeitsschritte. Er reduziert damit die Herstellungskosten, verändert das Produkt aber nicht.

2. *Inkrementelle Innovation*[4]: Ein Unternehmen hat ein gutes Produkt und macht dieses Produkt über die Jahre immer etwas besser. Alle paar Jahre bringt der Autohersteller verbesserte Autos in derselben Modellreihe hervor. Grundsätzlich funktionieren die aber noch gleich: zum Beispiel Verbrennungsmotor, vier Räder, Steuerrad mit darum herum organisierten Armaturen.
3. *Disruptive Innovation* oder einfach *Disruption:* Ein Unternehmen befriedigt ein Marktbedürfnis durch einen völlig neuen Ansatz, beispielsweise, indem es den Verbrennungsmotor durch einen Elektromotor ersetzt und sich selbst weniger als Autobauer, sondern als Softwareunternehmen definiert, das bequeme und umweltfreundliche Mobilität ermöglicht.

Disruptive Unternehmen ersetzen (Dienstleistungs-)Produkte, die bis anhin sehr kompliziert oder teuer waren, durch ein anderes, häufig einfacheres, kostengünstigeres Produkt, das dann von den Kunden euphorisch aufgenommen wird. Christensen betont, dass nur mit dieser dritten Form ein starkes Marktwachstum stattfinden kann. Bei den beiden ersten Formen der Innovation kann das Unternehmen allenfalls seine Marge optimieren (Effizienz-Innovation) oder aber einen höheren Verkaufspreis erzielen (Inkremtentelle Innovation), weil das Produkt besser ist.

Interessanterweise betrachtet Christensen die beiden meistgenannten «disruptiven» Unternehmen, nämlich Airbnb und Uber, gerade nicht als wirkliche Disruptoren: Ihr Geschäftsmodell besteht darin, vorhandene Ressourcen (Wohnungen, Autos) besser zu nutzen – ein typisches Beispiel für eine inkrementelle Innovation.

Disruption geschieht in der Regel immer dann, wenn ein oft kleines, noch junges Unternehmen mit geringen Ressourcen ein erfolgreiches, bestehendes Geschäft mit einem völlig neuen Ansatz konkurrenziert. Die Chancen dafür sind im digitalen Zeitalter und auf der Basis neuer, flexibler und kostengünstiger IT-Bereitstellungsformen (siehe Praxisbeispiel Cloud auf Seite 30) besonders hoch. Traditionelle Unternehmen verstehen es oft schlecht, diese neuen Möglichkeiten zu nutzen, und das hat einen sehr einfachen Grund: Die Manager eines Unternehmens sind primär nicht dafür bezahlt, ihr bestehendes Geschäftsmodell, mit dem sie bis anhin sehr erfolgreich waren, grundsätzlich in Frage zu stellen (auch wenn sie das eigentlich müssten). Sie sind in der Realität dafür bezahlt, es zu optimieren, und das mit einer oft sehr kurzfristigen Perspektive. Ihr ganzes Denken und Streben ist, wie bereits in Kapitel 1 dargelegt, ausschließlich darauf ausgelegt, den nächsten Business Review zu überstehen – indem sie die Zahlen liefern (oder übertreffen), die angesagt wurden. Es wäre völlig ausgeschlossen, dass ein Manager bei solchen Reviews sagen würde: «Ich bin zwar 20% unter Budget und werde nächstes Quartal sogar 30% unter Budget sein. Dafür habe ich einen revolutionären Ansatz gefunden, wie ich mittelfristig unsere Kunden begeistern, die Umsätze steigern und unsere Marge stark erhöhen kann.» Das wäre sein sicheres Ende.

Wie in der Automobilindustrie konzentrieren sich etablierte Unternehmen oft darauf, Produkte inkrementell besser zu machen und ihre Produkte und Dienstleistungen für jene Kundensegmente zu optimieren, welche die höchste Profitabilität versprechen. Dabei

Aus der Praxis

Cloud lässt Eintrittsbarrieren fallen

2003 schrieb ein kleines Unternehmen in Bristol (England) Geschichte. Als erstes Unternehmen stellte 422 South einen Animationsfilm mit Hilfe von Rechenkapazitäten aus der Cloud her. Das Rendering (die «Rasterung») von Animationsfilmen erfordert enorme Rechenkapazitäten und als Folge davon hohe Investitionen in den Aufbau eines eigenen Rechenzentrums. Ein eigenes Rechenzentrum aufzubauen ist nicht nur sehr kapitalintensiv und teuer im Unterhalt, sondern die Anlage ist über weite Strecken auch «arbeitslos», wenn nicht gerade ein Film gerendert wird. 422 South konnte zeigen, dass es auch anders geht und dass damit die Eintrittshürden für kreative Unternehmen der Filmbranche erheblich gesenkt werden können: 18 832 Frames für den Kurzfilm «The Painter» wurden dank Cloud-Power in damals rekordverdächtigen siebzehn Tagen gerendert. Im eigenen Rechenzentrum hätte die Fertigstellung drei Monate gedauert.

Die Bereitstellung von Rechenkapazität aus der Cloud nach Bedarf und die Bezahlung nach Verbrauch ist heute in der Filmindustrie und auch in anderen Branchen weit verbreitet und darf als ganz entscheidender Faktor für die fortschreitende Digitalisierung beziehungsweise Erhöhung der Veränderungsgeschwindigkeit gesehen werden.

Als unermüdlicher Fahnenträger dieser Idee und echter Gamebreaker machte sich Jeffrey Katzenberg, der CEO von Dreamworks, einen Namen: Er setzt völlig auf Cloud-Dienstleistungen bei der aufwendigen Produktion seiner animierten Filme.

Mit gestiegenen Ansprüchen an Animationsfilme ist der Cloud-Ansatz noch wichtiger: Im Film «Drachenzähmen leicht gemacht 2» von Dreamworks Animation wird jeder Grashalm, jede Rinde am Baum und jeder Gesichtsausdruck aufwendig gestaltet. Um die hohen Ansprüche des Publikums zu erfüllen, erfordert ein neunzigminütiger animierter Film vierundzwanzig Bilder pro Sekunde, also insgesamt 130 000 Einzelbilder. Das sind etwa 500 Millionen digitale Dateien und sagenhafte 250 Billionen Pixel pro Film. Dafür sind nicht nur enorme Rechen- und Speicherkapazitäten erforderlich, sondern auch eine hervorragende Vernetzung, denn die am Film beteiligten Künstler und Techniker arbeiten rund um den Globus.

Auch die rechtzeitige Auslieferung an die Kinos erfordert schnelle Datenverbindungen. Mittlerweile erscheint es als selbstverständlich und logisch, die enormen Rechenkapazitäten aus der Cloud zu beziehen und die an der Produktion Beteiligten zu vernetzen. Wenn man aber bedenkt, dass es fünf Jahre dauert, einen Animationsfilm herzustellen, und dass Antizipation (sind Drachen z. B. in fünf Jahren noch populär?), Geheimhaltung und Überraschungseffekt entscheidende Erfolgsfaktoren sind, ist der Mut zum Cloud-Ansatz bemerkenswert.

verpassen sie oft die großen disruptiven Veränderungen (z.B. das Elektroauto) und sind nicht in der Lage, sich selbst zu kannibalisieren. Gleichzeitig vernachlässigen sie andere, weniger margenträchtige Kundensegmente. Dies ist die Chance für die disruptiven Herausforderer: Sie bieten einfachere Produkte zu einem geringeren Preis an, oft zugeschnitten auf die vernachlässigten Kundensegmente. Mit der Zeit interessieren sich immer mehr Kunden für diese Produkte – und die alten Unternehmen werden «disruptiert». Einige disruptive Firmen greifen niemanden an, sondern schaffen neue Märkte: IBM hat am 12. August 1981 den ersten Personal Computer, den IBM-PC 5150, vorgestellt. Das war nicht nur ein neues Produkt – IBM hat damit auch einen neuen Markt lanciert.

Ein Gamebreaker muss kein Duttweiler sein. In unserer Definition ist der Gamebreaker eine Person, die in einer der drei Innovationskategorien nach Christensen einen entscheidenden Beitrag leistet: Mit ihrem Geistesblitz kann sie die Effizienz erhöhen, einen Beitrag zur Steigerung der inkrementellen Innovation leisten oder aber den Anstoß zu einer disruptiven Innovation geben. Wer sich mental auf Gamebreaking einlässt, der wird allerdings einen erstaunlichen Effekt feststellen: Die Fähigkeit, die Dinge «anders» zu sehen, lässt sich trainieren – und diese Fähigkeit wird immer wichtiger und die Veränderung der Sichtweise immer radikaler.

Was ist damit gemeint? Lässt sich ein Manager oder Mitarbeitender erst einmal auf das Wagnis ein, das Bestehende in Frage zu stellen und eigene Vorstellungen darüber zu entwickeln, wie man etwas besser, schneller, anders machen könnte, dann wird er sehr schnell einen Beitrag zur Effizienz-Innovation liefern können: Die meisten Mitarbeitenden – insbesondere in Großunternehmen – können viele Beispiele nennen, wie das Unternehmen effizienter werden könnte – und sei es nur, indem sie vorschlagen, an bestimmten Sitzungen *nicht* mehr teilzunehmen, weil das für ihre Tätigkeit gar nicht notwendig ist. So können Kosten für Überstunden vermieden werden. Auch inkremementelle Innovationen, die dem Kunden ein verbessertes Produkt und einen einfacheren Prozess bringen, kennt jeder

Aus der Praxis — Cisco – Ohne Nebel ist die Wolke gar nichts

Cloud-Computing war bis anhin das große Schlagwort in der digitalen Transformation – die Zukunft gehört aber ganz eindeutig dem Fog-Computing, also der Nebel-Rechnerei. Das hat mit dem Internet der Dinge (Internet of Things) zu tun, also mit der Tatsache, dass immer mehr «Dinge» – z. B. von der Smart Watch bis zum Turnschuh – Daten erfassen, gegenseitig austauschen und irgendwo speichern. Diese Datenflut übersteigt die Kapazitäten bestehender 4G-Netzwerke wie auch der Cloud-Rechenzentren bei weitem und führt zu Verzögerungen, die unter Umständen tödlich sein können.

Nehmen wir das nicht allzu ferne Beispiel der selbstfahrenden Autos. Gemäß dem Chip-Produzenten Intel werden diese einen wahren Tsunami an Daten generieren – rund 4000 Gigabyte pro Tag. Das ist etwa gleich viel, wie heute 3000 Bürger durchschnittlich in 24 Stunden erzeugen. Einige dieser Daten – etwa über den Benzinverbrauch – sind relativ zeitunkritisch und können bedenkenlos in irgendein Cloud-Center am andern Ende der Welt gesendet werden. Andere Daten, etwa aus dem Videostream und den Sensoren, sind dagegen höchst zeitkritisch: Denn diese Daten stellen sicher, dass wir nicht mit anderen sich schnell bewegenden Autos zusammenstoßen. Diese zeitkritischen Daten müssen deshalb vor Ort und in «Echtzeit» verarbeitet werden – später können sie bei Bedarf für eine bestimmte Zeit in einer Cloud gespeichert werden – z. B. um bei Unfällen zu rekonstruieren, was genau geschehen ist. Diese dezentrale Datenverarbeitung benötigt natürlich auch eine entsprechende Infrastruktur, die uns, genau wie der Nebel, auf der Erde einhüllt: Sogenannte Fog-Nodes (Nebelknoten) werden in selbstfahrenden Autos selbst zu finden sein, aber auch am Straßenrand, in Lichtsignalen und andern Orten. Je schneller und je mehr sich das Konzept der selbstfahrenden Autos durchsetzt, desto schneller wird die dezentrale Netz- und Verarbeitungsinfrastruktur wachsen müssen. Wer wird diese nächste Stufe der digitalen Transformation als Gamebreaker dominieren? Eine Vorhersage ist schwierig, indes scheint der traditionelle Netzwerkgigant Cisco zur Zeit gute Karten zu haben.

Mitarbeitende. Bewirbt man sich beispielsweise für eine Kreditkarte, dann wird man ein Formular mit seinen Personalien ausfüllen müssen, inklusive Namen, Vornamen und Geburtsdatum. Kann man Namen und Vornamen noch nachvollziehen (um das Formular eindeutig zuordnen zu können), macht das Geburtsdatum kaum mehr Sinn: Denn die Antragssteller müssen gleichzeitig eine Kopie ihres Passes oder ihrer Identitätskarte mitliefern, auf der das Geburtsdatum notwendigerweise aufgeführt ist. Mit anderen Worten: Die inkrementelle Innovation erleichtert dem Kunden den Bewerbungsprozess, was nicht zu unterschätzen ist, weil kaum jemand einen besonderen Reiz darin sieht, Antragsformulare auszufüllen. Hat ein Gamebreaker aber erst einmal gelernt, die Dinge in Frage zu stellen und nach besseren Möglichkeiten für das Unternehmen und den Kunden zu suchen, dann wird es ihm sehr viel leichter fallen, völlig «out-of-the-box» zu denken. Er wird nach Lösungen suchen, bei denen der Kunde überhaupt kein Antragsformular mehr ausfüllen, sondern nur noch die Passkopie schicken muss. Der verblüffend einfache Prozess des Fintech-Unternehmens Revolut macht das vor und lässt die Formularstapel traditioneller Banken alt aussehen. Dies wie auch die kinderleichte Kontoverwaltung in Echtzeit auf einer App ist disruptives Gamebreaking und bringt alle Mitbewerber in Zugzwang.

Ein Gamebreaker wird sich in der Innovationshierarchie von unten nach oben durcharbeiten. Denn die Fähigkeit, die Dinge anders zu sehen, wird dem echten Gamebreakern über die Zeit zur zweiten Natur. Wesentlich ist dabei noch etwas anderes: Ein Gamebreaker verabscheut komplizierte Business-Pläne mit ausgeklügelten «Predict and control»-Mechanismen, wie das im Kapitel 1 beschrieben ist. Ein Gamebreaker ist ein König der kleinen Schritte: Er

überlegt sich, wie etwas besser gemacht werden könnte, und legt unmittelbar mit der Umsetzung los. Denn ein echter Gamebreaker zieht seine Kraft nicht nur aus Geistesblitzen, sondern aus dem positiven Feedback, das er nach der Umsetzung seiner Idee vom Unternehmen oder – noch besser – direkt vom Kunden kriegt. Deshalb ist es auch nicht erstaunlich, dass moderne Managementinstrumente – wie zum Beispiel das Design Thinking – diesen Ansatz ihrem Denken zugrunde legen.[5] Es ist diese Psychologie der kleinen Schritte, die den Gamebreaker immer weiter antreibt, nach neuen Lösungen zu suchen. «Das Bessere ist der Feind des Guten» gilt für Gamebreaker in ganz besonderem Maß. Deshalb werden Gamebreaker über die Dauer mit einer gewissen Wahrscheinlichkeit bei der disruptiven Innovation landen, weil diese dem Kunden die größte Verbesserung bringt.

Alle drei Formen der Innovation sind wertvoll, für das eigene Unternehmen wie auch für den individuellen Gamebreaker. Dieser wird allerdings sehr genau darauf achten wollen, welche Form der Innovation (falls überhaupt) in seinem Unternehmen den Vorrang hat. Denn er wird sich bewusst sein: Bleibt das Unternehmen als Ganzes bei den ersten beiden Formen stecken, dann ist es immer noch akut gefährdet, disruptiert zu werden. Das gilt insbesondere dann, wenn die Kundenzufriedenheit gering ist. Aber selbst hohe Kundenzufriedenheit ist kein Schutz vor Disruption, da die Kunden oft gar nicht wissen, dass sie ein noch besseres Produkt wollen beziehungsweise kriegen können. Mercedes-Kunden waren und sind im Allgemeinen sehr zufrieden mit dem Produkt und konnten sich bis vor ein paar Jahren vielleicht noch nicht vorstellen, dass sie eigentlich ein umweltfreundlicheres und schneller beschleunigendes Auto von Tesla wollten.

Ist die vielfach beschworene Disruption in allen Branchen nun reine Panikmache – oder ist sie schon Realität? Und wenn noch nicht: Wie schnell kommt diese neue Realität? Denn kommen wird sie sicher. Darauf gibt das nächste Kapitel Auskunft.

Lessons learned

- Es gibt Effizienz-Innovation, inkrementelle Innovation und disruptive Innovation. Ein Gamebreaker ist, wer in einer dieser drei Kategorien einen entscheidenden Beitrag erbringt.
- Gamebreaking kann trainiert werden, indem man sich selbst darauf trimmt, Gegebenes nicht als selbstverständlich anzusehen.
- Oft starten Gamebreaker mit Effizienz-Innovation, um danach in die Kategorien inkrementelle Innovation und disruptive Innovation «aufzusteigen» – weil sie immer besser lernen, die Welt auf den Kopf zu stellen, Undenkbares zu denken und eine Lösung zu finden.
- Gamebreaker sollten sich fragen, welche Formen der Innovation im eigenen Unternehmen vorkommen. Falls keine disruptive Innovation festgestellt werden kann, ist das Unternehmen (und damit der Gamebreaker) in seiner Existenz gefährdet.

4 Der große Digitalisierungsschock

In seinem Buch «Disrupt yourself» beschreibt der Journalist Christoph Keese eine Plenumsdiskussion von 1997 in Berlin Mitte. Thema des Kongresses ist die Veränderung der Medienlandschaft durch Blogs. Keese tritt gegen drei Blogger an, die natürlich alle das Hohelied auf die «freie, ungefilterte, unzensierte und unredigierte» Informationsvermittlung durch Blogs singen. Was umgehend den Widerspruch des Journalisten hervorruft, der unter anderem die Bedeutung von Spezialisierung auf einzelne Kompetenzbereiche, Qualitätssicherung durch eine mehrfache Kontrolle und Redigieren der Texte hervorhebt. Wie so oft überzeugt am Ende keine Partei die andere, und jeder sieht sich als Sieger der Debatte.

Erst Jahre später, so schreibt Keese, habe er selbst mit dem Bloggen begonnen und die Vorzüge des Bloggens kennen und schätzen gelernt. Und er frage sich, warum er – als fortschrittlich denkender Mensch – nicht erkannt habe, dass Bloggen an sich etwas Gutes sei. Seine Erklärung: Offenheit für Erneuerung ende meistens dort, wo das Selbstwertgefühl beginne. Als Angegriffener habe er seine Grundbedürfnisse – vor allem nach Anerkennung – verletzt gesehen und mit Ablehnung reagiert.[6]

Es kommt tatsächlich einer narzisstischen Kränkung gleich, wenn uns gesagt wird, dass das, was wir jahrelang erfolgreich und professionell getan haben, nicht mehr gefragt ist. Oder nur schon: Dass es andere oder gar bessere Alternativen gibt, dasselbe zu erreichen. Denn viele von uns beziehen einen großen Teil ihres Selbstwertgefühls aus ihrer Arbeit. Deshalb ist die Zurückweisung oder Negierung des Bedrohlichen eine verständliche Reaktion. Ein Gamebreaker muss lernen, diese existenzielle Bedrohung oder Krise als Chance zu nutzen: Er muss verstehen, wo und wie er angegriffen wird – und er muss eine Strategie entwickeln, wo und wie er ansetzen muss, um im Spiel zu bleiben. Oder das Spiel sogar zu seinem Vorteil zu «drehen». Dies kann man – so werden wir später sehen – sehr gut trainieren.

Es gibt noch weitere, tieferliegende Gründe für die «Gamebreaker-Blockade». Wir alle haben eine natürliche Neigung, in der viel gescholtenen Komfortzone zu bleiben: Denn in dieser wissen wir, wie das Spiel läuft. Wir kennen die Regeln, wir kennen die Mitspieler und wir kennen die potenziellen Stolpersteine. Es ist also nichts als natürlich, dass wir in dieser Komfortzone bleiben wollen. Denn die Komfortzone zu verlassen heißt auch: Sich auf ein neues, unbekanntes Spiel mit unsicherem Ausgang einzulassen. Man wird vom hochgeschätzten Powerplayer, der alles kennt, alles weiß und alles erlebt hat, zum Anfänger, der zuerst mal Lehrgeld zahlen muss, der Fehler macht, vielleicht sogar scheitert oder sich sogar zum Gespött machen kann. Aus diesen Gründen bleiben die meisten Menschen gerne bei ihrem vertrauten Spiel.

Fairerweise muss man aber auch eingestehen: Vielen Menschen ist die Bedrohung gar nicht bewusst – da es nicht ganz einfach ist vorauszusagen, wie ein bestimmtes Unternehmen oder eine bestimmte Aufgabe disruptiert wird. Als Journalist war Keese zwar in einer Branche, die davon lebt, zu recherchieren, zu analysieren, zu interpretieren. Trotzdem war er nicht einmal für seine eigene Branche in der Lage zu erkennen, dass ein Medienunternehmen nicht aus einem, sondern drei Geschäftsmodellen besteht: dem Verkauf von Inhalt, dem Verkauf von Werbung und dem Verkauf von Kleinanzeigen (sogenannte «Classifieds»). Entsprechend war es unmöglich, die Bruchstellen der drei unterschiedlichen Geschäftsmodelle zu sehen – und erfolgreich zu agieren.

Nicht wissen – oder nicht wissen wollen – ist gefährlich. Ein Politiker hat das Problem der teilweise aus dem Nichts auftauchenden Bedrohungen auf den Punkt gebracht. Mitten in der Diskussion um die irakische Regierung und mögliche Massenvernichtungswaffen hat sich der amerikanische Verteidigungsminister Donald Rumsfeld einmal so geäußert:[7]

«Reports that say that something hasn't happened are always interesting to me, because as we know, there are known knowns; there are things we know we know. We also know there are known unknowns; that is to say we know there are some things we do not know. But there are also unknown unknowns – the ones we don't know we don't know. And if one looks throughout the history of our country and other free countries, it is the latter category that tend to be the difficult ones.»[8]

Diese «unknown unknowns» sind unsere blinden Flecke, also Dinge, die wir in der Regel aufgrund unserer beschränkten Wahrnehmung gar nicht sehen können.[9]

Die Welt hat damals mit Ablehnung und Kopfschütteln reagiert, teilweise wohl aus Antipathie zur damaligen US-Regierung. Aber eigentlich hat Rumsfeld mit seinen Bemerkungen den Nagel auf den Kopf getroffen: Wir wissen, dass wir einiges nicht wissen. Also zum Beispiel wissen wir nicht, wie die nächsten Bundesratswahlen ausgehen. Aber es gibt auch sehr viele Dinge, von denen wir nicht wissen, dass wir sie nicht wissen. Schlicht und ergreifend, weil wir sie

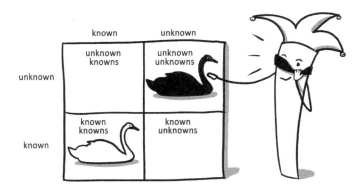

uns nicht vorstellen können. Nassim Nicholas Taleb hat das später als «Schwarzen Schwan» bezeichnet.[11] Schwarze Schwäne waren im antiken und mittelalterlichen Europa unbekannt – bis sie 1697 von einem holländischen Seefahrer in Westaustralien entdeckt wurden. Gemäss Taleb gibt es immer wieder solche «höchst unwahrscheinlichen» oder sogar «unvorstellbaren» Entdeckungen und Ereignisse, die unser Leben stark verändern – oder zumindest unsere Vorstellung von der Welt.

Der letzte Satz im obigen Zitat gilt exakt auch für die Disruption von ganzen Unternehmen oder Tätigkeiten: Es sind die Dinge, von denen wir gar nicht wissen, dass wir sie nicht wissen, die die höchste Auswirkung haben können. Und erst wenn wir in den «erleuchteten» Zustand kommen, dass wir wissen (oder zumindest ahnen), dass da etwas lauert, was unser Berufsleben grundsätzlich verändern könnte, sind wir in der Lage, darauf zu reagieren.

Bevor das Unternehmen Amazon im Dezember 2013 angekündigt hat, dass es Drohnen einzusetzen gedenke, um Pakete auszuliefern, hätten sich dies die meisten von uns gar nicht vorstellen können. Es war ein «unknown unknown» – niemand hätte je in Betracht gezogen, dass die völlig «undigitalisierbare» Aufgabe des Päckchenauslieferns jemals von der Digitalisierung bedroht werden könnte. Und selbst nach der Ankündigung – als aus dem «unknown unknown» ein «known unknown» wurde – fiel es vielen Menschen schwer, daran zu glauben, dass das mehr als ein PR-Gag sei. «Schnapsidee oder zukunftweisende Vision», fragte sich stellvertretend für viele damals die «Frankfurter Rundschau».[11] Heute sind wir schon sehr viel weiter: Nicht nur wurden schon die ersten Pakete ausgeliefert. Amazon hat vom US-Marken- und -Patentamt bereits ein neues Patent für seine Drohne eintragen lassen, die auch in die Lage versetzt werden soll, auf die menschliche Stimme und Gesten zu reagieren: «Ein einladender Daumen hoch, Schreien oder hektisches Winken – abhängig von den Gesten einer Person kann die Drohne ihr Verhalten – gemäß dem Patent – einstellen. Die Maschine könnte das Paket, das sie trägt, loslassen oder ihren Flugweg ändern, um einen Absturz zu vermeiden. Des Weiteren heißt es, dass die Drohne den Menschen sogar eine Frage stellen und die Lieferung je nach Antwort abbrechen könnte.»[12]

Das klingt noch futuristisch – aber eigentlich sollte sich ein echter Gamebreaker schon heute fragen: Was kommt als Nächstes – etwa die Bestellung bei Amazon durch den reinen Gedanken? Oder die Auflösung der einzelnen Pakete in Atome und Moleküle und das Beamen zum Kunden? Wir wissen es nicht, aber wenn sich ein Gamebreaker entsprechende Überlegungen macht, dann ist er zumindest auf dem Status von «known unknowns» angelangt: Er weiß, dass es noch vieles gibt, das er nicht weiß, das aber vielleicht einmal Realität werden könnte. Er kann sich damit beschäftigen, wie ein entsprechendes Geschäftsmodell oder seine individuelle Tätigkeit innerhalb der neuen Realitäten aussehen könnte.

Weder Journalisten noch Paketausträger sind vor den Folgen der Digitalisierung geschützt – doch beide Berufsgruppen ignorierten die Bedrohung. Journalisten wähnten sich als «Content Provider» in großer Sicherheit und bereits «jenseits» der Digitalisierungswelle. Denn die Digitalisierung hat in den Augen vieler Journalisten in dieser Branche schon längst stattgefunden: Nämlich mit dem Übergang vom Bleisatz zum Fotosatz und später zum Desktop-Publishing und damit der weitgehenden Automatisierung und Digitalisierung der Produktion. Dass nicht nur Blogger eine ernsthafte Gefahr darstellen, sondern auch andere soziale Medien, aber auch maschinell

generierte Texte (was z. B. in der Finanzberichterstattung schon heute der Fall ist), war vielen gar nicht bewusst. Nach schwindsuchtartigen Verlusten bei den allermeisten Printmedien und in einem Zeitalter, in dem ein US-Präsident Journalisten der traditionellen Medien bewusst ausschließt und die Welt per Twitter erreicht, sollte aber allen klar geworden sein, dass ein neues Zeitalter angebrochen ist. In Sicherheit wähnten sich auch die Paketträger, aber aus anderen Gründen: Sie waren (und sind es teilweise wohl noch heute) der Meinung, dass ihr Berufsfeld niemals von der Digitalisierung betroffen sein könnte, denn einer muss die Pakete ja schließlich bringen.

Doch sicher kann sich vor den Folgen der Digitalisierung offenbar niemand fühlen. Und wer von einer Digitalisierungswelle getroffen worden ist, kann nicht darauf hoffen, dass er für immer und ewig von der nächsten verschont bleiben wird. Ganz im Gegenteil: Es ist wie im Meer, die nächste Welle kommt ganz bestimmt. Alles, was digitalisiert werden kann, wird auch digitalisiert werden, soll die US-amerikanische Geschäftsfrau und Politikerin Carly Fiorina einmal gesagt haben. Daraus abgeleitet lässt sich folgern: Alles, was disruptiert werden kann, wird disruptiert. Auch wer mit Dingen zu tun hat, die beim besten Willen noch nicht digitalisiert werden können – siehe die Amazon-Päckchen, die noch nicht gebeamt werden können –, darf sich nicht sicher fühlen: Denn die Digitalisierung und Automatisierung der vor- und nachgelagerten Prozesse könnten den betroffenen Mitarbeitenden trotzdem überflüssig machen.

Welche Berufe und Berufsgruppen werden verschwinden? Dazu gibt es Dutzende von Studien. In einer Untersuchung der OECD[13] mit 32 teilnehmenden Ländern kommt die Organisation zum Schluss, dass tatsächlich Millionen von Jobs durch Computer, Roboter und Künstliche Intelligenz gefährdet sind, wobei Branche, Art der Tätigkeit sowie der Standort einen entscheidenden Einfluss haben. Etwa 14 % der untersuchten Stellen sind gemäß der Untersuchung «hoch gefährdet», was bedeutet, dass die Aufgabe in Zukunft mit einer Wahrscheinlichkeit von über 70 % von einem Computer oder Roboter übernommen wird. Dies betrifft über 66 Millionen Ar-

Aus der Praxis   **SURGENT: Gamebreaking in der Medizin**

Der Wettlauf um Wettbewerbsvorteile spielt auch in der Gesundheitsversorgung eine immer wichtigere Rolle, wie zum Beispiel in der Chirurgie. Bildgebende Verfahren werden in diesem Bereich schon seit einiger Zeit eingesetzt. An der Universitätsklinik Balgrist in Zürich kommt eine Augmented- oder Mixed-Reality-Brille zum Einsatz, die dem Chirurgen permanent virtuelle Informationen ins Blickfeld speist und sogar eine holographische Navigation mittels eingespielter 3D-Simulation ermöglicht. Müssen bei einer Operation beispielsweise mehrere Wirbel fixiert werden, ist dies dank holographischer Navigation mit höherer Präzision möglich, was für Erfolg oder Misserfolg – mit unerträglichen Schmerzen – entscheidend sein kann.

Der Wettlauf geht indes weiter: Im Herbst 2018 hat die Kooperationsplattform «Hochschulmedizin Zürich» das ambitiöse Projekt «SURGENT» (Surgeon Enhancing Technologies) lanciert, das neue Standards in der Präzisionschirurgie setzen und die Hochschulmedizin Zürich nach vorne katapultieren will. Gemeinsam bearbeiten Forschende der Universität Zürich, der ETH Zürich und der universitären Spitäler mehrere Gebiete, welche die Planung und Ausführung von Operationen revolutionieren könnten.

Zunächst soll die Anatomie und das Gewebe des zu Operierenden individuell bildgebend vermessen und dokumentiert werden. In diesen interaktiven «Landschaften» sollen sich die Chirurgen später virtuell bewegen. In einem zweiten Schritt werden Modelle und Simulationen entwickelt, welche eine Operation individuell planen und die Erfolgsaussichten mit hoher Genauigkeit voraussagen lassen. Schließlich soll eine stark verbesserte Augmented-Reality-Lösung zum Einsatz kommen, welche die Navigation mittels akustischer und visueller Informationen während der Operation steuern wird. Die Pointe dabei ist: Die Aktionen des Chirurgen werden während der Operation mittels Künstlicher Intelligenz permanent ausgewertet, damit ihm in «Echtzeit» genau jene Informationen zur Verfügung gestellt werden können, die er braucht, um ein noch besseres Ergebnis zu erzielen.

---

beitnehmer in den untersuchten Ländern. Bei etwa 32% liege das Risiko, dass die Digitalisierung zumindest eine starke Veränderung der Arbeitsabläufe mit sich bringe, bei 50 bis 70%. Wenig überraschend befindet die Studie, dass durch die Automatisierung und Digitalisierung insbesondere Arbeitsplätze in der industriellen Fertigung und in der Landwirtschaft betroffen sind, aber auch bestimmte Bereiche des Dienstleistungssektors. Verschwinden würden vor allem Routineaufgaben, die ein geringes Ausbildungsniveau erfordern, was für die Betroffenen besonders tragisch sei: Nicht nur fallen ihre Arbeitsstellen weg, sie haben oft auch weniger Zugang zu Aus- und Weiterbildung als andere Beschäftigte. Denn Aus- und Weiterbildung sei das wirkungsvollste Mittel, um nicht aus dem Arbeitsprozess zu fallen und sich nach dem Wegfallen der Stelle neu orientieren zu können. Allerdings genüge auch Aus- und Weiterbildung nicht in allen Fällen. Zunehmend müssten Arbeitnehmer auch den Mut haben, aussterbende Branchen oder nicht mehr erforderliche Stellen ganz hinter sich zu lassen und sich völlig neu zu orientieren. Mit anderen Worten: eine Gamebreaking-Position einzunehmen und sich ein neues Spiel zu suchen.

Die Schätzung der OECD, dass fast 50% der Stellen betroffen sein werden, mag schockieren. Doch es gibt sehr viele gute Gründe anzunehmen, dass die Schätzung sogar untertrieben ist. Denn die OECD hat die Studie natürlich nach rein wissenschaftlichen Kriterien durchgeführt, das heißt: auf der Basis der «known knowns» und allenfalls der «known unknowns». Schätzungen auf der Basis der «unknown unknowns» abzugeben ist hingegen ausgesprochen schwierig, wenn nicht gar unmöglich – obwohl genau sie den größten Einfluss haben könnten. Die OECD scheint sich dieser Unsicherheit bewusst zu sein, hält sie sich doch ein Türchen offen: «The tasks that AI and robots cannot do is shrinking rapidly.»[14] (Die Anzahl jener Tätigkeiten, die nicht durch Künstliche Intelligenz und Roboter übernommen werden können, schrumpft dramatisch.)

▶ Durch Digitalisierung gefährdete Berufsgruppen ──────────

Gemäß dem deutschen Institut für Arbeitsmarkt- und Berufsforschung der Bundesagentur für Arbeit (IAB) sind insbesondere Helfertätigkeiten besonders durch die Automatisierung gefährdet. Dazu gehört etwa die Arbeit am Fließband oder in der Produktion im Werk, aber auch im landwirtschaftlichen Bereich.

Interessant ist die Veränderung über die Zeit (Abbildung 1): Innerhalb von nur drei Jahren stieg die Gefahr, disruptiert zu werden, in der Verkehrs- und Logistikbranche um satte 20%.

Die Zahlen dürften sich in den nächsten Jahren weiter stark verändern, wobei anzunehmen ist, dass der Anteil der gefährdeten Berufe stark zunehmen wird.

Abbildung 1: Substituierbarkeitspotenzial nach Berufssegmenten

Anteil der Tätigkeiten, die potenziell von Computern erledigt werden könnten, in Prozent (sortiert nach dem Ausmaß der Veränderung zwischen 2013 und 2016)

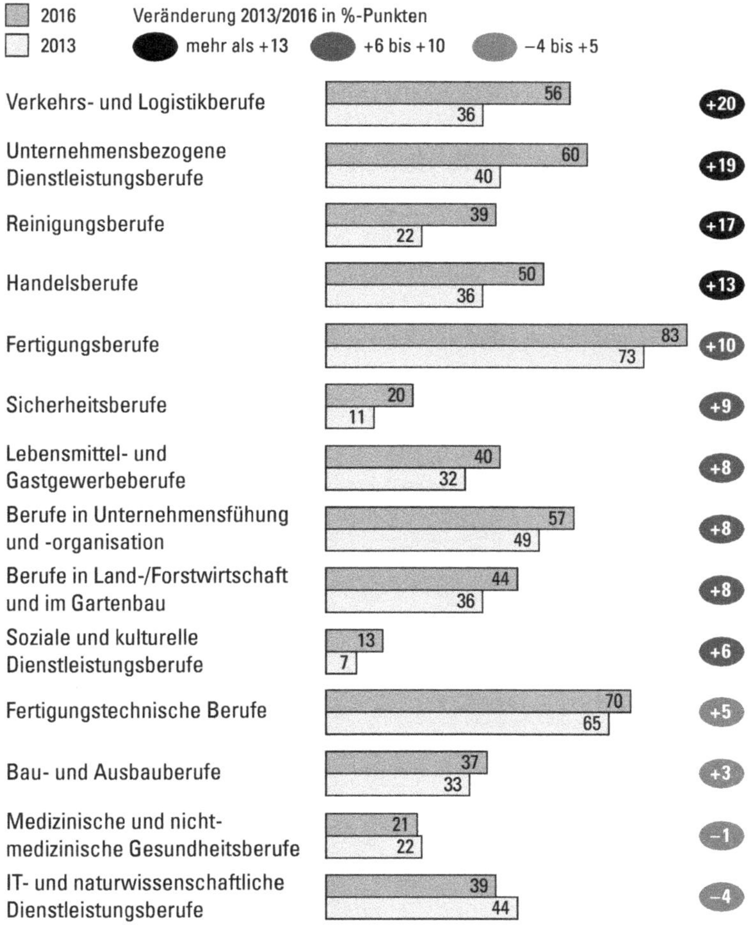

- 2016
- 2013
- Veränderung 2013/2016 in %-Punkten
- ● mehr als +13   ● +6 bis +10   ● −4 bis +5

Berufssegment	2016	2013	Veränderung
Verkehrs- und Logistikberufe	56	36	+20
Unternehmensbezogene Dienstleistungsberufe	60	40	+19
Reinigungsberufe	39	22	+17
Handelsberufe	50	36	+13
Fertigungsberufe	83	73	+10
Sicherheitsberufe	20	11	+9
Lebensmittel- und Gastgewerbeberufe	40	32	+8
Berufe in Unternehmensfühung und -organisation	57	49	+8
Berufe in Land-/Forstwirtschaft und im Gartenbau	44	36	+8
Soziale und kulturelle Dienstleistungsberufe	13	7	+6
Fertigungstechnische Berufe	70	65	+5
Bau- und Ausbauberufe	37	33	+3
Medizinische und nicht-medizinische Gesundheitsberufe	21	22	−1
IT- und naturwissenschaftliche Dienstleistungsberufe	39	44	−4

Quelle: IAB, https://www.businessinsider.de/diese-berufe-sind-von-der-digitalisierung-am-meisten-gefaehrdet-2018-2?IR=T

Die Lage ist für Unternehmen wie auch für den einzelnen Arbeitnehmer nicht so dramatisch wie angenommen, sondern höchstwahrscheinlich noch sehr viel dramatischer: Noch mehr Menschen werden wohl noch fundamentaler von der Digitalisierung betroffen sein. Doch diese bietet auch enorme Chancen, wenn man sie zu nutzen weiß. Denn der Irrglaube, dass Arbeitsplätze durch den technischen Fortschritt verloren gehen, ist so alt wie der technische Fortschritt selbst. Er kann aber sehr leicht widerlegt werden, denn Arbeitsmarktzahlen werden in den meisten westlichen Ländern systematisch erhoben und veröffentlicht. In einer aktuellen Studie hat Economiesuisse, der Dachverband der Schweizer Wirtschaft, den Zusammenhang zwischen technologischen Durchbrüchen und dem Stellenwachstum untersucht (Abbildung 2).[15] Das Fazit ist klar: Stellenverluste durch Restrukturierungen infolge technologischer Neuerungen wurden und werden durch die Schaffung neuer Stellen überkompensiert. In der Schweiz wurden 2015 durchschnittlich 1350 neue Stellen geschaffen pro Arbeitstag – 1250 gingen verloren. Daraus resultiert ein Wachstum von 30 000 Stellen pro Jahr. Auch

Abbildung 2: Technologischer Fortschritt und Stellenwachstum

Number of people in paid work in millions and important technological inventions

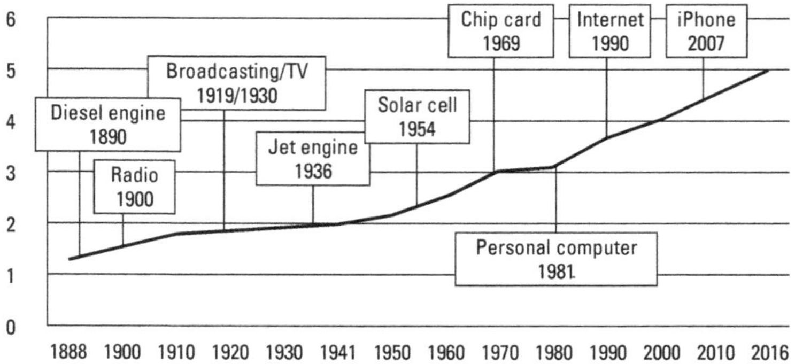

Quelle: Eidg. Volkszählung 1870 bis 1980, ETS

Quelle: Economiesuisse, www.economiesuisse.ch

wenn andere Einflüsse eine Rolle spielen mögen, lässt sich doch vermuten: Die Einführung neuer Technologien hat eher einen positiven Effekt auf Volkswirtschaften. Neue Technologien erhöhen die Produktivität und damit die Wettbewerbsfähigkeit, was insbesondere in exportorientierten Ländern wie der Schweiz und Deutschland einen positiven Effekt auf den Wohlstand und das Stellenwachstum hat. Zusammenfassend kann man deshalb festhalten, dass gemäß dieser Studie von Economiesuisse der technologische Fortschritt kein «Jobkiller» ist.

Die «Angst vor Automation» und der reine Fokus auf die Stellen, die durch die Automatisierung ersetzt werden, erzähle eben nur die halbe Wahrheit, wie der Forschungsbeitrag «Why Are There Still So Many Jobs? The History and Future of Workplace Automation» festhält. In diesem verweist David H. Autor auf die Tatsache, dass die Anzahl Stellen für Bankmitarbeitende zwischen 1980 und 2010 trotz Einführung und starker Verbreitung von Bankomaten gestiegen ist, obschon sehr viele Experten den Beschäftigten dieser Branche eine sehr düstere Zukunft prophezeit haben. Zu Unrecht: Denn mit dem Wegfallen von vielen vergleichsweise öden Bankschalter-Jobs hätten Banken gerade auch auf der Basis der technologischen Innovation sehr viele Beratungs- und Dienstleistungsjobs schaffen können. Nur sei es für die Auguren und Medien sehr viel einfacher, die wegfallenden Jobs zu beklagen als die neu geschaffenen zu beklatschen.[16]

Die Digitalisierung ist für echte Gamebreaker – sowohl für Unternehmen wie auch einzelne Mitarbeitende – somit alles andere als bedrohlich, wie das reißerische Schlagzeilen vermuten ließen. Denn echte Gamebreaker nutzen die Chancen der Digitalisierung und steigen schnell mal von einem Schalterbeamten zum Kundenberater auf – wenn die richtige Geisteshaltung vorhanden ist.

Lessons learned

- Die sorgfältige Analyse des Ist-Zustandes im Hinblick auf die Gefährdung durch Disruption ist eine unerlässliche Voraussetzung, um der Disruption zu entgehen.
- Auch die beste Analyse muss sich bewusst sein, dass es «unknown unknowns» gibt, die in der Gleichung fehlen.
- Mindestens fünfzig Prozent aller Arbeitsstellen sind in den nächsten Jahren durch die Digitalisierung gefährdet oder werden sich stark verändern.
- Durch Digitalisierung und Automatisierung gehen Stellen verloren – andere Stellen werden geschaffen: Die Arbeit geht Gamebreakern nicht aus.
- Die Transformation der Arbeitswelt erhöht den Druck auf Unternehmen und Individuen, sich selbst immer wieder neu zu erfinden nach Maßgabe der Markterfordernisse.

5 Von Heizern und Gamebreakern

Der Juli 1982 war in Großbritannien in zweifacher Hinsicht ein heißer Monat. Neben den hohen Temperaturen war ein aufsehenerregender Streik im Gange: Die 20 000 Mitglieder der Gewerkschaft der Lokführer legten die Arbeit nieder. Die mächtige Gewerkschaft des seit 1968 verstaatlichten englischen Bahnsystems verlangte von der konservativen Regierung weitgehende Zugeständnisse. Im Kern wollten die Lokführer die Regierung auf das Einhalten von Vereinbarungen aus dem Jahr 1919 behaften. Doch nach zwei Wochen musste die scheinbar übermächtige Gewerkschaft klein beigeben, denn die «eiserne Lady», Premierministerin Margaret Thatcher, blieb eisern. Der Arbeitskonflikt erregte weit über die Landesgrenzen hinaus viel Aufsehen und war ein Startschuss für die Liberalisierung des Arbeitsmarktes in ganz Europa. «Gesiegt hat Mrs. Thatcher», titelte die deutsche «Zeit».[17]

In die Rente geschickt wurde nach Beendigung des Arbeitskampfes auch der noch heute legendäre Heizer. Denn bereits in den frühen 1960er Jahren wurden die alten Dampflokomotiven entsorgt, und 1968 war das englische Bahnsystem durchgehend elektrifiziert. Was die Heizer nicht daran hinderte, auf dem Führerstand mitzureisen – offensichtlich ohne Aufgabe.

Das Beispiel des Heizers lehrt uns zwei Dinge: Erstens hat jeder Beruf und jeder Mitarbeitende ein Ablaufdatum, wenn er nicht einen für das Erreichen des Unternehmenszweckes wichtigen Beitrag leisten kann. Das klingt zwar banal, aber alle, die jemals in einem Großunternehmen gearbeitet haben, wo komplexe Matrix-Organisationsformen Management, Mitarbeitende und Kunden verwirren und wo sich Zuständigkeiten und Verantwortlichkeiten in den Prozessen verlieren, wird bestätigen können: Es gibt auch nach der x-ten Restrukturierungsrunde immer noch Mitarbeitende, deren Rolle nicht klar ist beziehungsweise bei denen die Umgebung darüber rätselt, was denn deren eigentlicher Nutzen für die Erreichung des obersten Ziels sei: nämlich den Kunden einen Mehrwert zu schaffen.

Diesen Mitarbeitenden muss klar sein: Sie werden irgendwann entdeckt und sie werden exakt dasselbe Schicksal wie der Heizer auf der Elektrolokomotive erfahren: Das Unternehmen wird sich gnadenlos von ihnen trennen, denn die nächste Restrukturierungsrunde wird kommen, und dann wird es brenzlig. Es gibt nur zwei Möglichkeiten: Entweder rettet sich der betreffende Mitarbeitende auf die nächste völlig nutzlose Position – was in Großunternehmen insbesondere Mitgliedern des mittleren und oberen Managements meistens gut gelingt, weil diese sehr gut vernetzt sind, aber doch nicht so exponiert wie die Geschäftsleitung. Oder aber sie suchen sich eine Position im Unternehmen, in der sie einen echten Mehrwert bringen können – was allerdings in den allermeisten Fällen mit echter, harter Arbeit verbunden ist und für die «Heizer» im Unternehmen oft keine Alternative ist: Ich liebe meinen Job, aber hasse die Arbeit, ist oft die Grundhaltung. Nicht nur jeder Einzelne sollte seinen Nutzen für das Unternehmen hinterfragen – auch die Gewerkschaft beziehungsweise die Unternehmen sollten sich fragen, wie viele «Heizer» sie sich eigentlich leisten können und wollen. Je weiter die Digitalisierung voranschreitet, desto radikaler werden die «Heizer» in Frage gestellt werden: Denn viele Heizer verheizen schlicht zu viel Geld, und was noch schlimmer ist: sie bremsen den unternehmerischen Fortschritt, weil sie ein alltägliches Beispiel dafür sind, dass im Unternehmen nicht Leistung, sondern politisches Lavieren und Wichtigtuerei belohnt werden. Das vergiftet auf die Dauer die Unternehmenskultur.

Noch wichtiger als die erste Lektion ist die zweite: Ein Heizer aus der Zeit der Dampflokomotiven könnte noch so viele Weiterbildun-

gen machen und zum besten Heizer aller Zeiten werden – im Zeitalter der Elektrolokomotive wäre er auf jeden Fall überflüssig. Daraus folgt: Individuen im Arbeitsprozess haben genau dieselbe Herausforderung wie die Unternehmen, die im vorherigen Kapitel beschrieben wurden – und der sich auch die Gewerkschaft der Lokführer hätte stellen sollen. Zwar macht es Sinn, *im* System zu arbeiten, das heißt: Weiterbildungskurse zu besuchen, um im Rahmen seiner bisherigen Tätigkeiten zielgerichteter, schneller und qualitativ hochstehender zu arbeiten. Aber das alles ist komplett nutzlos, wenn es die betreffende Arbeit gar nicht mehr braucht, weil sich irgendwelche Dinge fundamental geändert haben, wie eben im Beispiel der Elektrolokomotive.

Jeder Einzelne von uns hat deshalb genau dieselbe Herausforderung, die auch Großunternehmen haben: Wir müssen auch *am* System arbeiten, das heißt uns selbst und unsere berufliche Tätigkeit radikal in Frage stellen. Erbringe ich einen wertvollen und notwendigen Beitrag zur Erfüllung des Unternehmenszweckes? Und: Könnte dieser Beitrag nicht auch effektiver und kostengünstiger erbracht werden? Nur wenn die erste Antwort ein ehrliches «Ja» und die zweite ein ebenso ehrliches «Nein» ist, darf man sich – für den Moment – in Sicherheit wiegen. Kein Unternehmen – und nicht mal eine englische Gewerkschaft – kann einen Mitarbeitenden oder ein Mitglied auf die Dauer schützen, wenn diese fundamentalen Fragen nicht entsprechend beantwortet werden können.

Sich selbst radikal in Frage stellen ist echtes Gamebreaking, und genau diese Fähigkeit ist heute mehr denn je gefragt: Denn die durch die Digitalisierung massiv erhöhte Veränderungsgeschwindigkeit und der in der globalisierten Wirtschaft existierende Turbokapitalismus setzt Unternehmen wie auch Individuen gleichermaßen unter Druck: Unflexible, in ihrem Prozesswahn gefangene Unternehmen werden durch effektivere, kreativere und agilere, oft auch kleinere Herausforderer ersetzt, die teilweise branchenfremd dieselbe Marktleistung sehr viel schneller und kostengünstiger anbieten und die alten Platzhirsche langsam, aber sicher ablösen werden.

Genau dasselbe passiert auch auf individueller Ebene bei den auf Prozesserfüllung fixierten Mitarbeitenden: Im Zeitalter der Digitalisierung werden viele Prozesse automatisiert, ohne Mitwirkung von Menschen abgewickelt: Die Prüfung einer Hypothek kann durch ein Computersystem nach ganz bestimmten Parametern erfolgen, mit automatisierten Rückgriffen auf Datenbanken zur Schätzung des Objektes und Zugriff auf Daten von Betreibungsämtern, Grundbuch und Tragbarkeitsaussagen der Hausbank – selbstverständlich alles nach entsprechender Autorisierung. Was nicht automatisiert werden kann, wird immer mehr in Länder verlegt, welche die noch erforderlichen Prozessschritte, in denen menschliches Zutun notwendig ist, kostengünstiger erledigen können.

Gefragt wäre sowohl auf Unternehmens- als auch auf individueller Stufe eine Gamebreaking-Haltung: Völlig neue Perspektiven einnehmen und fundamental darüber nachdenken, was man komplett anders machen könnte. Und das gilt nicht nur für den Verwaltungsrat und die Geschäftsleitung eines Unternehmens, sondern auch für jeden einzelnen Mitarbeitenden. Denn kleine Veränderungen oder ein genialer Geistesblitz können in Unternehmen eine große Auswirkung haben und eine Gamebreaker-Revolution auslösen – wenn es das Unternehmen überhaupt zulässt.

Jean-Paul Thommen spricht in diesem Zusammenhang von einem Spurenwechsel, den man vornehmen muss. Dies gelingt aber nur mit

Hilfe einer Reflexion. Diese reflektiert nicht nur das Handeln selbst, sondern auch die Annahmen (Hypothesen) und das mentale Modell, welche diesem Handeln zugrunde liegen.[18]

Die Mitarbeitenden tun das nicht nur für das Unternehmen, sondern auch für das eigene langfristige Überleben – sei es im aktuellen Unternehmen oder bei einem anderen Arbeitgeber. Das erfordert einen kleinen, aber entscheidenden Wechsel im Kopf: Ein echter Gamebreaker muss sich selbst als Teilnehmer im Arbeitsprozess fundamental neu definieren. Denn ein echter Gamebreaker sieht sich selbst nicht mehr als Arbeit*nehmer* – also jemand, der die Arbeit vom Unternehmen «*nimmt*». Sondern er sieht sich als Arbeit*geber* – also als jemand, der seine Arbeit nach Maßgabe der Marktbedürfnisse «*gibt*» und diese Arbeitsleistung bei veränderten Marktbedürfnissen auch selbständig anpasst. Ein echter Gamebreaker sieht sich als Unternehmer, und zwar auch dann, wenn er arbeitsrechtlich bei einem Arbeitgeber angestellt ist.

Wenn dieser notwendige Wandel gelingt, ist das Leben in prozessdirigierten Unternehmen allerdings häufig nicht einfacher, sondern ganz im Gegenteil schwieriger: Obwohl viele Firmen von ihren Mitarbeitenden «unternehmerisches Denken» verlangen, sind viele nicht wirklich bereit, unternehmerische Gamebreaker-Vorschläge aufzunehmen und umzusetzen. Denn in vielen Unternehmen wird von oben nach unten dirigiert und regiert – und nicht umgekehrt. Mit «unternehmerischem Denken» ist häufig gemeint, nur einen einzigen Kugelschreiber aus dem Materiallager zu holen, den möglichst lange zu brauchen und ja nicht zu verlieren. Denn Kugelschreiber kosten ja schließlich Geld, und wahre Unternehmer wollen bekanntlich die Kosten tief halten. Auch das betriebliche Vorschlagswesen ist meist wenig wirkungsvoll und ein eigentliches Feigenblatt: Wer einen Prozess definieren muss, um den Mitarbeitenden ein Sprachrohr zu bieten, ist in Wahrheit auf deren Ideen ganz und gar nicht erpicht. Noch absurder sind die in jüngster Zeit aufkommenden Chief Happiness Officers in Großunternehmen: Nicht Glück suchen Mitarbeitende im Unternehmen, sondern Sinn und Erfüllung.

Die Schwierigkeit, den Schritt vom Prozessdenken zum Gamebreaking zu schaffen und sich allenfalls nach einer Restrukturierung neu erfinden zu müssen, ist in jenen Branchen besonders groß, die nicht nur stark durch Prozesse definiert sind, sondern wo die Compliance (Regelkonformität) auch ausgesprochen großgeschrieben wird. Und auch dort, wo Abweichungen ganz besonders stark – allenfalls sogar juristisch – sanktioniert werden. Das ist beispielsweise bei den Schweizer Großbanken in außerordentlichem Maß gegeben. «Stell nie einen gefeuerten Banker ein» ist ein geflügeltes Wort in der Arbeitswelt und hat seinen Ursprung genau in dieser wahrgenommenen geistigen Inflexibilität der Banker. Der soziale Abstieg von entlassenen Bankern ist aus diesem Grund häufig besonders groß: Bootsführer, Gastronom, Privatchauffeur.[19] Die Frage ist nur, wie lange sich diese Berufe im Zeitalter der selbstfahrenden Gefährte und Heimlieferdienste halten können.

Den sozialen Abstieg in Kauf zu nehmen und sich selbst in einem beruflich zwar anspruchsloseren, dafür «sicheren» Berufsfeld zu positionieren, ist deshalb kein Ausweg. Vernünftiger wäre es zu fragen: Welche Fähigkeiten habe ich – und wo werden diese Fähigkeiten sonst noch gebraucht? Und: Wie stark bedroht sind diese potenziell neuen Tätigkeitsfelder durch die Digitalisierungswelle?

▶ Plattform-Ökonomie – Die Grundlage für neue Geschäftsmodelle

Die Digitalisierung ermöglicht neue Geschäftsmodelle mit Anbietern, die zuvor in der betreffenden Branche gar nicht tätig gewesen sind. Dies gilt insbesondere für den Plattformansatz mit so prominenten Vertretern wie Airbnb und Uber. Die beiden Unternehmen besitzen weder Wohnungen noch Autos, sie vermitteln die entsprechenden Dienstleistungen aber gegen eine Provision.

Der Aufbau einer Vermittlungsplattform ist häufig wenig kapitalintensiv und wird mit zunehmender Dauer immer profitabler: Denn die Grenzkosten für neue Kunden sind gleich null. Oft wird die für das Betreiben der Plattform notwendige Infrastruktur nicht selbst aufgebaut, sondern die IT-Ressourcen werden als Dienstleistung von einem der großen Cloud-Anbieter bezogen. Die Plattform-Anbieter minimieren damit auch ihr Geschäftsrisiko: Sie können die notwendigen IT-Ressourcen parallel zur Nachfrage skalieren. Entscheidend ist der «First Mover Advantage»: Hat ein Unternehmen ein Marktsegment erst einmal erobert, wird es für Mitbewerber ausgesprochen schwierig, das Plattform-Unternehmen vom Thron zu stoßen. Denn je mehr Kunden eine Plattform nutzen, desto mehr Feedback erhält das Unternehmen und kann sein Angebot verbessern und für verschiedene Kundensegmente optimieren. Oft profitieren stark genutzte Plattformen auch von einem viralen Marketingeffekt: Die Nutzer selbst sind die besten Vermarkter. Dies trifft etwa auf Tripadvisor zu, wo die Nutzer auf die Bewertung anderer Nutzer abstellen.

Den Besitzern der eigentlichen Infrastruktur (z.B. Wohnungen oder Autos) ermöglicht die Vermittlungsplattform eine intensivere Auslastung beziehungsweise Nutzung. Allerdings geht damit auch eine «Commoditisierung» einher: Die Angebote werden zum leicht verfügbaren Allgemeingut, konkurrenzieren sich stark, was ein Sinken der Preise nach sich zieht. Sinkende Margen müssen die Anbieter mit einem höheren Volumen beziehungsweise einer höheren Auslastung kompensieren.

Lessons learned

- Um nicht als «Heizer» zu enden, muss sich jeder einzelne zwei Fragen stellen: Erbringe ich einen echten Mehrwert für die Kunden? Könnte dieser Mehrwert nicht anderswo effizienter und effektiver erbracht werden (Offshoring, Automatisierung)?

- Ein Gamebreaker ändert seine Einstellung im Kopf, seine mentale Haltung: Er wird vom Arbeitnehmer zum Arbeitgeber – auch wenn er arbeitsrechtlich gesehen angestellt ist.

- Die unternehmerische Perspektive ermöglicht dem Gamebreaker die Bewertung seiner Ideen und damit langfristiges Überleben.

- Großunternehmen werden heute häufig von branchenfremden Konkurrenten herausgefordert, deren Geschäftsmodelle das Potenzial der Digitalisierung voll ausnutzen (Plattformansatz).

6 Wie Manager Gamebreaking fördern können

Jeder Einzelne von uns muss zum Gamebreaker werden, um seine berufliche Existenz zu sichern. In Zeiten der Digitalisierung und Disruption rächt es sich, diese Kernaufgabe an irgendwelche anderen Stellen zu delegieren: Nicht an «die da oben», die hoffentlich schon wissen, was zu tun sei, und auch nicht an die Gewerkschaft, die hoffentlich schon dafür sorgt, dass «die da oben» uns nicht abbauen.

Das heißt umgekehrt aber nicht, dass ein Unternehmen in Zukunft von «unten nach oben» geführt wird, also dass die kollektive Intelligenz der im Unternehmen versammelten Gamebreaker quasi als gleichberechtigtes Kollektiv das Unternehmen führt. Das Gegenteil ist der Fall: Wie wir später sehen werden, funktionieren Gamebreaker in basisdemokratischen Organisationsstrukturen ganz und gar nicht. Führung ist nach wie vor gefragt – aber eine Führung, die es erlaubt, Gamebreaking im Unternehmen nicht nur zu fördern, sondern auch dafür zu sorgen, dass die Beiträge der versammelten Gamebreaker in einer sinnvollen und zielgerichteten Form genutzt werden können.

Verwaltungsrat, Unternehmensführer und Manager sind deshalb auch im Gamebreaker-Zeitalter keineswegs aus der Verantwortung, ganz im Gegenteil: Ihre Verantwortung ist noch höher, da die Gefahr des Scheiterns des Unternehmens durch die enorme Veränderungsgeschwindigkeit und durch die disruptiven Bedrohungen wesentlich größer geworden ist.

Die Führungsverantwortlichen haben eine dreifache Aufgabe:

- Erstens das Unternehmen permanent aus einer strategischen Perspektive auf seine Existenzberechtigung zu hinterfragen und – falls notwendig – Kursänderungen vorzunehmen.
- Zweitens sich selbst und die eigene Rolle in diesem Prozess permanent und selbstkritisch zu reflektieren.
- Und drittens: Gamebreaking im Unternehmen zu fordern, zu fördern und so nutzbar zu machen, dass das Unternehmen langfristig überleben kann.

Vor allem im dritten Punkt liegt ein enormes Potenzial. Ein Potenzial, das oft nicht nur nicht genutzt, sondern systematisch abgewürgt und damit verschwendet wird. Ein Unternehmen, das die Digitalisierungswellen der nächsten Jahre überleben will, muss genau das Gegenteil tun: Es muss das kollektive Gamebreaker-Potenzial seiner Mitarbeitenden systematisch und bewusst nutzen.

Doch wie ist das zu bewerkstelligen? Es gibt eine einzige Branche, die sich etwas anders verhält als alle anderen – jedenfalls in Bezug auf die Digitalisierung –, nämlich die IT-Branche. Dafür gibt es zwei Gründe. Die IT-Branche ist erstens die Digitalisierungsbranche schlechthin, denn sie ist die Treiberin für die Digitalisierung bei den Konsumenten und in anderen Branchen – oder stellt doch zumindest die entsprechende Hardware, Software und Dienstleistungen zur Verfügung. Sehr viel interessanter ist aber zweitens der Fakt, dass die Veränderungsgeschwindigkeit in dieser Branche schon seit Jahrzehnten enorm hoch ist, was sich mit der überdurchschnittlich hohen Zahl von einst branchendominierenden Unternehmen belegen lässt, die sang- und klanglos verschwunden sind.

Disruption und darauffolgende Führungswechsel gehören in der IT-Branche schon seit Jahrzehnten zum Alltag. In den achtziger Jahren des letzten Jahrhunderts dominierten IBM und Herausforderer Digital Equipment Corporation (DEC) die IT-Branche. Beide Unternehmen unterschätzten indes das Disruptionspotenzial der Personal Computer – der Fall war für beide tief und schmerzhaft: IBM ging um ein Haar bankrott, DEC musste sich schwer angeschlagen Ende der neunziger Jahre vom PC-Unternehmen Compaq übernehmen lassen. Dass schnellem Aufstieg ein ebenso schneller Abstieg in der IT-Branche folgen kann, musste Netscape Communications erfahren: Fast aus dem Nichts gekommen, schien das Jungunternehmen 1994 mit dem ersten brauchbaren Web-Browser zum ungefährdeten Branchenprimus aufzusteigen, bis Microsoft – wenn auch leicht verspätet – die Bedeutung des Internet-Zeitalters erkannte: Es bündelte seinen eigenen Web-Browser «Internet Explorer» mit der Windows-Plattform und verdrängte damit Netscape innerhalb von wenigen Jahren völlig vom Markt.

Die Branche ist sich dieser besonderen Stellung mit der enorm hohen Veränderungsgeschwindigkeit und Disruptionen bewusst: «Wenn du dich nicht selbst kannibalisierst, tut es ein anderer.» Die martialisch klingende Erkenntnis des wohl erfolgreichsten Unternehmers – und Gamebreakers – der jüngeren Wirtschaftsgeschichte, Apple-Gründer Steve Jobs, trifft absolut zu.

In dieser Branche ist es brandgefährlich, Prozesse zu optimieren und das Bestehende zu verwalten und zu erhalten. Denn dann wird man schnell vom Jäger zum Gejagten. «Viele Firmen machen das, was sie immer getan haben, mit nur geringfügigen Veränderungen», schreibt Google-Gründer Larry Page. Allerdings seien diese bloß inkrementellen – sprich evolutionären – Veränderungen vor allem im Bereich der Informationstechnologie tödlich, denn Veränderungen seien hier oft revolutionär und nicht evolutionär. Das größte Risiko sei, keine Risiken einzugehen.[20] Gefragt ist deshalb eine durchgängige Gamebreaker-Kultur, die Gamebreaking im eigenen Unternehmen zu nutzen weiß.

Der Eindruck wäre aber falsch, dass alle «Master of the Universe»-Unternehmen der IT-Branche nur kurz an der Spitze gestanden hätten. Es gibt auch Unternehmen, die sich über Jahrzehnte dort halten konnten. Diese dominierenden Unternehmen haben sich in der Vergangenheit alle durch eine hohe Anpassungsleistung ausgezeichnet, und nicht nur das: Wegen der rasanten Veränderungs-

Aus der Praxis Relx – Ein Beispiel radikaler Selbstdisruption

Eine der wohl eindrücklichsten Selbstdisruptionen gelang einem der ältesten Verlage dieser Welt. Bereits 1880 gründete Jacobus George Robbers in Rotterdam (Holland) den Verlag NV Uitgeversmaatschappij Elsevier (Elsevier Verlagsgesellschaft), der sich auf das Verlegen von Klassikern der Weltliteratur und einer Enzyklopädie spezialisierte. Fünf Jahre später lancierte Albert E. Reed in Maidstone (England) den Zeitungsverlag Reed International. Rund hundert Jahre später, im Jahr 1992, fusionierten die beiden Unternehmen zu Reed Elsevier.

Indes erkannten die Unternehmenslenker haarscharf: Das Verlegen von Zeitungen und Büchern ist ein schwieriges Geschäft – im Internet-Zeitalter sind Daten das neue Gold. Deshalb baute das Unternehmen in den nächsten fünfzehn Jahren die alten Geschäftsbereiche massiv ab und investierte gleichzeitig in neue Geschäftssegmente. Damit mutierte es zu einem der führenden Online-Datenbank- und -Analyse-Anbieter der Welt, das seinen Kunden individuell und interaktiv geschäftsrelevante Daten vermittelt.

Konsequenterweise änderte das Unternehmen 2015 seinen Namen: Die Relx Group erwirtschaftet heute mit dem klassischen Verlagsgeschäft nur noch 11% des Umsatzes – im Jahr 2000 waren es noch 64%. Rund die Hälfte des Umsatzes erzielt das «alte Jungunternehmen» heute mit der Analyse und dem Verkauf von Daten.

Die Strategiedefinition des Unternehmens[1] liest sich wie diejenige eines Softwareunternehmens aus dem Bereich «Business Intelligence». Eindrücklich ist die Spezialisierung der Relx Group auf besonders kaufkräftige Kundensegmente, etwa Forschung oder Jurisprudenz. Steigende Aktienkurse sind die Folge dieser erfolgreichen Selbstdisruption.

---
1 Siehe dazu https://www.relx.com/our-business/strategy.

---

geschwindigkeit und der permanenten Herausforderung durch neue disruptive Technologien mussten sie sich durchschnittlich alle zehn bis fünfzehn Jahre völlig neu erfinden – und sind dabei sehr hohe Risiken eingegangen.

Diese IT-Unternehmen dürfen deshalb als digitalisierungserprobte Gamebreaker angesehen werden. Exemplarisch dafür stehen die beiden größten und traditionsreichsten Unternehmen der Branche, IBM und HP. Ihre Erfolgsgeschichte verspricht deshalb tiefe Einblicke in erfolgreiches «Gamebreaking»: Wie ist es ihnen gelungen, Gamebreaker zu rekrutieren und diese Gamebreaker auch so zu nutzen (statt zu unterdrücken), dass sie sich auch als Großunternehmen oft neu erfinden konnten?

Die Antwort darauf lässt sich in einem einzigen, mittlerweile zum Klassiker der Unternehmensführung gewordenen Zitat zusammenfassen. Es ist über fünfzig Jahre alt und stammt vom Sohn des gleichnamigen IBM-Gründers, Thomas J. Watson:

> «The basic philosophy, spirit and drive of an organization have far more to do with its relative achievements than do technological or economic resources, organizational structure, innovation, and timing. All these things weigh heavily in success. But they are, I think, transcended by how strongly the people in the organization believe in its basic precepts and how faithfully they carry them out.»

Auf einen einfachen Nenner gebracht: Der entscheidende Erfolgsfaktor für den Unternehmenserfolg liegt in der Unternehmenskultur – in der Haltung und dem individuellen Beitrag der Mitarbeitenden, die den Erfolg des Unternehmens ausmachen. Es ist der im Unternehmen vorherrschende Geist und der Drive, die sehr viel wichtiger sind als die technologischen und ökonomischen Ressourcen, die formale Organisationsstruktur, das Innovationsmanagement oder das Timing. Denn wenn das Unternehmen die richtigen Leute mit dem absoluten Willen engagiert, dem Unternehmen als Ganzes zum Erfolg zu verhelfen, dann ist der Erfolg meistens sicher. Die Voraussetzung dafür ist allerdings, dass das Unternehmen dies tatsächlich auch anerkennt und zulässt.

Die beiden Gründer von HP, Bill Hewlett und David Packard, hatten eine auffällig ähnliche Philosophie wie Google sie heute hat. Diese wurde wurde unter der Bezeichnung «HP Way» bekannt und war für viele Unternehmen über Jahrzehnte vorbildlich. Die beiden Unternehmer fanden auch eine verblüffend einfache Formel, um einerseits die grundlegenden Werte und die Unternehmenskultur über Jahrzehnte zu bewahren und andererseits trotzdem sicher-

Aus der Praxis — Der HP Way

Die wegleitende Unternehmensphilosophie des HP Way hat das Unternehmen über Jahrzehnte geprägt und erfolgreich gemacht.

Der HP Way gilt auch heute, achtzig Jahre nach der Firmengründung, für viele Unternehmen als goldener Weg zum Erfolg. Denn die Kernelemente, um unternehmerisch Erfolg zu haben, haben sich nicht geändert. Nur muss heute die Umsetzung noch konsequenter und schneller erfolgen.

Dabei gilt folgende Regel: Die Unternehmenswerte bleiben über Jahrzehnte dieselbe. Die Unternehmensziele *können* über die Jahrzehnte angepasst werden, die Strategie und die Umsetzung *müssen* angepasst werden. Das Unternehmen hat ein festes Fundament und einen flexiblen Überbau.

Der HP Way beschreibt eine Höchstleistungskultur, die dem Einzelnen die Freiheit gibt oder sogar dazu auffordert, sich als Gamebreaker einzubringen und alles Mögliche zu tun, um dem Unternehmen zum Erfolg zu verhelfen. Gleichzeitig ist diese Kultur absolut fokussiert auf das Wohl der Kunden und der Gesellschaft – und das alles ist mit kompromissloser Integrität zu leisten. Konkret fassen die beiden Gründer den HP Way in fünf Kernsätzen zusammen:[1]

1. HP existiert, um einen technologischen Beitrag zu leisten – alle Aktivitäten haben diesen Unternehmenszweck zu verfolgen.
2. HP verlangt von sich als Unternehmen und von jedem einzelnen Mitarbeitenden Höchstleistungen und profitables Wachstum, was beides Voraussetzung wie auch der Maßstab für nachhaltigen Erfolg ist.
3. HP glaubt, dass ein Unternehmen die besten Resultate erzielt, wenn es die richtigen Leute anzieht, ihnen vertraut und ihnen die Freiheit gibt, den richtigen Weg zu finden, der zu den besten Resultaten führt – und sie dann an den Früchten ihrer Arbeit teilhaben lässt.
4. HP hat die Verpflichtung, sich zum Wohl der Gesellschaft einzusetzen, in der es tätig ist.
5. Integrität. Punkt.

---

[1] Packard, D.: The HP Way: How Bill Hewlett and I Built Our Company. HarperCollins Publishers, New York 1995.

---

zustellen, dass das Unternehmen nicht in inhaltlosen Ritualen und obsoleten Verhaltensweisen erstarrte: Der HP Way wurde in einem einzigen Chart dargestellt mit den grundlegenden Werten in der Mitte, umgeben von Zielen, Strategien und Regeln, die sich über die Zeit verändern konnten – und sollten (siehe Abbildung 3). Denn die beiden Unternehmer wussten genau wie Steve Jobs: Die Veränderungsgeschwindigkeit der Branche erfordert permanentes Game-

Abbildung 3: Der HP Way

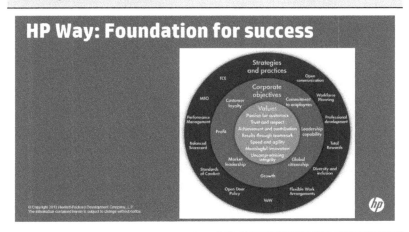

Quelle: HP Company Presentation 2013

breaking und ein permanentes Anpassen an die sich schnell verändernde Kundennachfrage.

Wer sich die Kernaussagen des HP Way vor Augen führt, der wird den Kontrast zu den vielfach in starren Prozessvorgaben und im Gewirr von Regeln und Compliance-Vorschriften gefangenen Mitarbeitenden von globalen multinationalen Unternehmen sehr augenfällig wahrnehmen. Es ist nicht verwunderlich, dass solche Unternehmen weder evolutionär und schon gar nicht revolutionär unterwegs sein können – denn woher sollten die dafür notwendigen Geistesblitze kommen?

Allerdings ist auch der HP Way zu hinterfragen: Taugen diese jahrzehntealten Konzepte heute tatsächlich noch, da alles etwas anders, schneller, radikaler ist? Die Antwort ist ein klares «Ja» und den Beleg dafür liefert einer der größten modernen Gamebreaker, nämlich Google. Das Unternehmen wie auch viele andere Silicon-Valley-Aufsteiger verhalten sich heute noch genauso, wie die beiden IT-Titanen HP und IBM es damals gemacht haben. Sie haben schlicht das übernommen, was diese alten Ikonen über Jahrzehnte so erfolgreich vorgemacht haben – und es angepasst und weiterentwickelt.

Denn diese alten Ikonen waren früher genauso wagemutig, genial, unkonventionell und teilweise halsbrecherisch wie die neuen «Wilden». Der Biograph des IBM-Gründers Watson, Kevin Maney, vergleicht die junge IBM mit Uber: «In the twenties, IBM was like Uber ... It was this hot tech company, small but growing fast, with this dynamic leader.» Es ist bezeichnend, dass sich Google in vielen Referenzen auf IBM und HP bezieht und das auch offen ausspricht: «Im Gegensatz zu den Geschäftsführern von Lehman Brothers nahm David Packard, der als einer der Ersten in unsere ewige Ruhmeshalle der smarten Kreativen einzog, die Firmenkultur ernst. In einer Rede, die er 1960 vor seinen Managern hielt, führte er aus, dass Firmen existieren, um ‹etwas Lohnendes zu tun – sie leisten einen Beitrag zur Gesellschaft›.»[21] Der «smarte Kreative» ist dabei nichts anderes als ein Gamebreaker – und der Schlüssel zum Gamebreaking ist eine Unternehmenskultur, die Gamebreaking der Mitarbeitenden systematisch fördert und nutzt.

Im Buch «Wie Google tickt» wird dies exemplarisch aufgezeigt – vor allem wird auch die große Divergenz zu den im Kapitel 1 beschriebenen zentralistisch geführten Prozessunternehmen deutlich. Jonathan Rosenberg, oberster Produktmanager bei Google, beschreibt darin, wie er bei den beiden Gründern von Google grandios abgeblitzt ist. Als klassisch ausgebildeter Betriebswirtschafter und erfahrener Produktmanager besaß er sehr viel Erfahrung in der Entwicklung von Produkten nach dem «Stage-Gate»-Modell, das nicht viel anderes ist als das bereits beschriebene «Predict and control». Dabei werden genau definierte Phasen mit Zielsetzungen verknüpft, deren Einhaltung in einem ausgeklügelten Prinzip von der Führungsetage überwacht wird. Rosenberg ging davon aus, dass er genau dafür an Bord geholt wurde: Um den «jungen Wilden» bei Google Disziplin und eine fundierte Finanzplanung beizubringen. Als er dem Google-Mitgründer Larry Page den ausgeklügelten Plan mit Zielsetzungen, Kontrollen, Prioritäten und einem Zweijahresplan vorlegte, erwartete er Streicheleinheiten – und erhielt eine kalte Dusche. Ob er schon einmal einen Plan gesehen habe, der von einem Team übererfüllt worden sei? Oder Produkte, die noch besser gewesen seien als geplant? Solche Pläne seien komplett nutzlos und nur dazu angetan, den unternehmerischen Drive seiner Entwicklungsingenieure zu bremsen. Solche Business- oder Entwicklungspläne würden von Google abgestoßen wie ein fremdes Organ in einem Körper. Sein Job bestehe vor allem darin, die besten Fachleute zu finden, viel mit ihnen zu sprechen, sie im Übrigen aber einfach machen zu lassen.[22]

Die Planung in diesem Denken besteht im Wesentlichen aus einem monatlichen Treffen aller Mitarbeitenden, in dem ein Excel-Sheet mit den hundert wichtigsten Projekten besprochen wird. Dabei kann jeder und jede seine Gedanken äußern – ohne Einschränkungen oder irgendeinen Hierarchiedünkel. Denn die Mitarbeitenden sind das Wichtigste für den Unternehmenserfolg bei Google: Nicht ausgeklügelte Prozesse und Pläne, sondern das, was Google «smarte Kreative» nennt. Der «smarte Kreative» hat zwanzig Ideen pro Tag, er verschreibt sich dann – vorübergehend – einer Idee, mit der er risikobereit, enthusiastisch, sich selbst und alles andere hinterfragend, unangepasst und nicht bereit, sich bei seiner Mission von irgendjemandem dreinreden zu lassen, geschweige denn, sich davon abbringen lassen, reüssiert – oder vielleicht auch scheitert. Aber was immer es auch ist: Es ist eine klassische Win-Situation, denn der Kern für die nächste geniale Idee liegt im Scheitern der letzten.

Es ist nicht überraschend, dass die «moderne» Google-Kultur derjenigen der alten IT-Ikonen von IBM und HP gleicht – und dass sich Google sogar ausdrücklich auf die alten Vorbilder beruft. Denn es gibt nichts wichtigeres als den unbedingten Willen der Mitarbeitenden, «ihr» Unternehmen zum Erfolg zu bringen. Alles andere ist zweitrangig – und jedes Unternehmen, das seine Mitarbeitenden verliert, läuft Gefahr, kläglich unterzugehen. Zudem muss ein Unternehmen auch in der Lage sein, das kollektive Wissen seiner Mitarbeitenden zu nutzen. Dies ist aber oft nicht der Fall, wie das Zitat

«If HP knew what HP knows,
we'd be three times more productive.»
– Lew Platt

von Lew Platt, CEO von HP, über das bereits bürokratisierte Unternehmen belegt: «Wenn HP wüsste, was HP weiß, dann wäre das Unternehmen dreimal produktiver.» Natürlich ermöglicht der technologische Fortschritt eine sehr viel größere Transparenz und das Einbeziehen der Mitarbeitenden rund um den Globus – aber das Prinzip ist dasselbe: Gute Leute anziehen und ein Umfeld schaffen, in dem sie neue Ideen einbringen und umsetzen können.

Was IBM besonders auszeichnet und nicht als selbstverständlich angenommen werden darf, ist der lange Atem. «Big Blue» hat sich diesen Drive auch Jahrzehnte später und trotz beträchtlicher Firmengröße erhalten: Anfang der 1960er Jahre war der IT-Pionier zwar der fast unbestrittene Platzhirsch in der Informatik, die angebotenen Systeme waren aber meist inkompatibel untereinander, was enorme Supportkosten nach sich zog und die Kunden verärgerte. Sich selbst zu disruptieren oder disruptiert zu werden, lautete deshalb die Frage, die nicht einfach zu beantworten war: Denn die Zahlen waren gut und die Marktdominanz mit den herkömmlichen Computern nach wie vor groß.

Die Nachfrage der Kunden nach einem einheitlichen, leichter zu verwaltenden System gab den Ausschlag. Mit dem IBM System 360 sollte dies dann 1964 erreicht werden. Es handelt sich dabei um ein einziges einheitliches und leicht erweiterbares System, mit dem praktisch der Mainframe-Markt – trotz enormem internem Widerstand – lanciert wurde. Mit den Entwicklungskosten von – für damalige Verhältnisse – ungeheuren 5 Milliarden Dollar für das Projekt (das Zweifache des jährlichen Erlöses von IBM) riskierten IBM-

Chef Thomas J. Watson und die Entwicklungsingenieure die Existenz der Firma – und legten die Basis für den weiteren Aufstieg des Branchenleaders. Diese unternehmerische Leistung gilt noch heute als eine Großtat in der Geschichte der IT-Branche.[23]

▶ Paradoxien im Management

Solche einschneidenden Maßnahmen sind wie Operationen am «offenen Herzen» und sind für das Überleben großer Organisationen von höchster Bedeutung. Die Führungsetage, die solche fundamentalen Veränderungsprozesse treibt, muss gleich zwei Paradoxien überwinden, die sich in jüngster Zeit noch akzentuiert haben.

- *Management-Paradox I:* Jede Organisation braucht Stabilität, um ihre gegenwärtigen Aufgaben zu erfüllen. Gleichzeitig braucht die Organisation aber auch starke Veränderungen, um die zukünftigen Aufgaben erfüllen zu können. Beides hat sich in den letzten Jahren verschärft: Die ausgeprägte globale Wettbewerbssituation zwingt viele Unternehmen, ihr Alltagsgeschäft wie eine gut geölte Maschine reibungslos abzuspulen. Das Quartalsdenken verstärkt die Fokussierung auf den gegenwärtigen operativen Betrieb noch zusätzlich. Gleichzeitig erfordert die erhöhte Veränderungsgeschwindigkeit eine größere Bereitschaft zur Anpassung. Das ist ein Spagat, mit dem sich viele Unternehmen zunehmend schwertun. Erfolgreiche Führungskräfte aber finden einen Mittelweg zwischen Stabilität und

Veränderung und schaffen es, mit einer agilen Organisation erfolgreich zu sein, wie die folgende Matrix zeigt.

		Veränderung	
		tief	hoch
Stabilität	hoch	Bürokratische Organisation	Agile Organisation
	tief	Eintagsfliege	«Am Rande des Chaos»-Organisation

- *Management-Paradox II:* Eine Organisation muss die Komplexität ihrer Umwelt erfassen und die Vielzahl der damit verbundenen Möglichkeiten erkennen und berücksichtigen. Gerade wegen der großen Komplexität ist aber eine große Komplexitätsreduktion und letztlich eine Vereinfachung nicht nur notwendig, sondern auch sinnvoll. Auch hinsichtlich dieser zweiten Paradoxie sind die Herausforderungen für viele Führungsetagen deutlich gestiegen: Ein Schweizer Banker in den siebziger Jahren des letzten Jahrhunderts hatte sich nur der nationalen und allenfalls der internationalen Konkurrenz durch andere Banken zu erwehren, sah sich also einer relativ überschaubaren Komplexität gegenüber. Heute sind Banker mit vielfältigen Herausforderungen konfrontiert, von branchenfremden Giganten wie Apple oder Google bis hin zu kleinen, spezialisierten Fintechs. Die Reduktion dieser enormen Komplexität ist aber sehr anspruchsvoll.

◄

Mit dem System 360 gelang eine der gigantischsten und risikoreichsten Selbstdisruptionen in der Wirtschaftsgeschichte überhaupt: Ein Scheitern hätte IBM wohl von der Bühne gefegt. Für Jim Collins, Erfolgsautor des Management-Bestsellers «Good to Great»[24], ist es neben dem Ford Model T und dem ersten Strahltriebwerk-Jet Boeing 707 die größte Errungenschaft in der Wirtschaftsgeschichte. Neben seinem großen Vertrauen in die Mitarbeitenden und seiner Bereitschaft, das kollektive Wissen aller Mitarbeitenden einzubeziehen, wies Watson eine andere wichtige Eigenschaft für permanentes

Gamebreaking auf: In seiner Autobiographie «Father, Son & Company: My life at I.B.M. and beyond» schreibt der junge Watson offen über seine Ängste, als Nachfolger seines Übervaters an der Spitze des Unternehmens zu versagen. Er beschreibt, wie er sich selbst immer wieder hinterfragt, das Unternehmen permanent auf den Prüfstand gestellt und nach besseren Lösungen gesucht habe. Diese Haltung könnte man als das Psychogramm eines erfolgreichen Gamebreakers bezeichnen.

Es ist diese Geisteshaltung des permanenten Gamebreakings, angetrieben von der permaneten Sorge, disruptiert zu werden, die zum Durchbruch mit dem System 360 geführt hat. Dabei entschloss sich Watson zu einem Vorgehen, das heute von vielen von der Disruption bedrohten Unternehmen kopiert wird: Unter dem Akronym SPREAD (Systems Programming, Research, Engineering, And Development) gründete er eine mächtige, unternehmensweit tätige Taskforce, welche die Aufgabe hatte, das bestehende Marktangebot zu disruptieren. Denn die Taskforce sollte nicht weniger als einen Masterplan für ein neues System der Datenverarbeitung entwickeln – was später zum revolutionären System 360 führte. Sich selbst disruptieren durch ein solch mächtiges Unternehmen im Unternehmen, bevor es ein Externer tut, ist ein hervorragendes Instrument im Kampf gegen die Fremddisruption – sofern man den daraus folgenden Spannungen gewachsen ist.

 **Wie kleine Dinge Großes bewirken können**

Die Quintessenz von Gamebreaking besteht darin, das eigene Spiel wie auch das Spiel des Unternehmens als Ganzes zu verbessern und zu gewinnen. Dies wird erreicht, indem Bestehendes hinterfragt und permanent verändert wird. Der kontinuierliche Verbesserungsprozess ist wichtig – und bietet eine Option auf den Lottogewinn. Was ist damit gemeint? In seinem Buch «Tipping Point»[25] beschreibt Malcom Gladwell jenen «magischen» Punkt, an dem aus einer «kleinen» Idee plötzlich ein Megatrend wird. Solch plötzliche, überschwängliche Popularität der Idee ist mit einer Epidemie vergleichbar: Diese ist ansteckend, wird durch unscheinbare Kleinigkeiten verursacht und verbreitet sich oft rasend schnell. Gladwell untersucht zwar systematisch, welche Bedingungen erfüllt sein müssen, damit solche Entwicklungen zustande kommen. Oft scheinen die Auslöser solcher «sozialer Epidemien» allerdings auch zufällig: Man verändert etwas und ist erstaunt darüber, welch große Wirkung kleine Ursachen haben können. Disruptives Gamebreaking ist eine Option auf einen solchen Lottogewinn: Es hat das Potenzial, solche Effekte auszulösen, und kann deshalb von unschätzbarem Wert für ein Unternehmen sein.

Lessons learned

- Die wichtigste Aufgabe von Unternehmensführern ist es, Gamebreaking im Unternehmen zu fordern, zu fördern und systematisch zu nutzen.

- Unternehmensführer mit Gamebreaker-Potenzial stellen sich selbst und das ganze Unternehmen permanent auf den Prüfstand, reduzieren Komplexität bis auf den Kern und schaffen den Ausgleich zwischen Stabilität und Veränderung.

- Selbstdisruption, zum Beispiel mittels einer spezifischen Unternehmenseinheit mit Disruptions-Mission, ist das beste Mittel, um der Fremddisruption zu entgehen.

- IBM und HP konnten sich über Jahrzehnte an der Spitze halten, weil sie das kollektive Wissen und Können ihrer Mitarbeitenden gezielt genutzt und eine mitarbeiterbezogene Kultur aufrechterhalten haben, die permanentes Gamebreaking ermöglicht hat.

- Junge Gamebreaker-Unternehmen wie Google sehen die beiden ehemaligen Branchenleader IBM und HP als Vorbild. Die Google-Kultur gleicht deshalb der ursprünglichen IBM-Kultur auffällig.

7 Gamebreaking und Fakebreaking

In Kapitel 3 haben wir mit Gottlieb Duttweiler den größten Schweizer Gamebreaker vorgestellt, der seine Migros auf dem Fundament von zwei bahnbrechenden Ideen groß gemacht hat: direkte Lieferung vom Produzenten zum Konsumenten (mit Eliminierung des Zwischenhandels) und mobiler Verkauf der Produkte. Als Konsequenz konnten Migros-Kunden die Produkte vierzig Prozent günstiger erwerben – und das erst noch sehr viel bequemer, nämlich vor der Haustüre.

Die konsequente Kundenorientierung hat Duttweiler zu dieser für damalige Verhältnisse radikalen Gamebreaker-Lösung geführt. Stellt sich die Frage: Besteht die Gamebreaker-Kultur noch heute in der Migros und welches wären die bahnbrechenden Ideen der Nachfolger? Die ernüchternde Antwort ist: Eher nein. Zwar bietet Migros mit Migipedia[26] eine Plattform an, die es den Kunden erlaubt, Produkte zu bewerten. Aber in den beiden entscheidenden Kategorien – günstige Produkte und bequemes Einkaufen – können keine großen Entwicklungen beobachtet werden.

Die Erstarrung der Migros zeigt sich deutlich daran, wie die moderne Migros mit dem «Einkaufstourismus» von Schweizer Konsumenten in Deutschland umgeht. Vor allem Schweizer Konsumenten im Grenzgebiet zu Deutschland sehen nicht ein, weshalb sie für ein und dasselbe Produkt in der Schweiz bis zu dreißig Prozent mehr bezahlen sollen. Mit an Sicherheit grenzender Wahrscheinlichkeit würde Duttweiler die Partei der Kunden ergreifen und selber in Deutschland einkaufen oder dann alles dafür tun, dass Migros die Produkte zum selben Preis (oder noch tiefer) anbieten kann. Nicht so die moderne Migros: In vielen Zeitungsinterviews kritisierte der damalige Migros-Chef Herbert Bolliger den «Einkaufstourismus» und beklagte den Verlust von Arbeitsplätzen, statt sich zu überlegen, wie er Schweizer Kunden das geben kann, was sie erwarten. Es war Wirtschaftsprofessor Reiner Eichenberger,[27] der in der «Handelszeitung» vom 11. August 2015 auf die ökonomische Logik dieses Kundenverhaltens aufmerksam machte, sich damit aber heftiger Kritik aussetzen musste:

▶ Sechs Argumente für den Einkaufstourismus –
von Reiner Eichenberger

Über den Einkaufstourismus hört man nur Klagen. Dabei sollte er nicht erschwert, sondern gelobt werden. Sechs Argumente, die zeigen, dass Einkaufen jenseits der Grenze gut für die Schweiz ist.

Bekanntlich ist die Schweiz eine Hochpreisinsel, unter anderem weil der Detailhandel zu wenig wettbewerblich ist und die Markenproduzenten zur Abschöpfung der hohen Schweizer Kaufkraft überhöhte Großhandelspreise verlangen. Das bringt große volkswirtschaftliche Kosten – und Einkaufstourismus. Über diesen hört man nur Klagen, die Regierung bekämpft ihn mit restriktiven Einfuhrregeln und Kontrollen, und immer mehr Bürger werden als Schmuggler kriminalisiert. Das ist falsch. Denn der Einkaufstourismus ist für die Schweiz nur gut. Erstens kaufen die Konsumenten im Ausland oft die gleichen Produkte, die sie sonst in der Schweiz kaufen würden, nur eben billiger. So sparen sie viel Geld, das sonst großenteils an die ausländischen Produzenten fließen würde.

Argumente wie für Freihandel
Zweitens ist es auch nicht schädlich, wenn so mehr ausländische Güter importiert werden. Denn zugunsten des Einkaufstourismus sprechen die gleichen Argumente wie für Freihandel allgemein. Die Konsumenten gehen ja nur ins Ausland, weil sie da ein besseres Preis-Leistungs-Verhältnis erhalten. Das ist zwar ärgerlich für die Schweizer Detailhändler. Aber der Schweizer Wirtschaft insgesamt nützt es. Durch zusätzliche Importe kommen Franken auf den Devisenmarkt, das drückt auf den Wechselkurs, und das gibt den Exporteuren bessere Chancen. Je mehr wir importieren, desto mehr können wir exportieren. Dank vielen Importen und Exporten können wir uns auf das spezialisieren, was wir besonders gut können. Diese Spezialisierung hat die Schweiz reich gemacht.

Alle profitieren von den Einkaufstouristen
Drittens bedeuten günstige Auslandeinkaufsmöglichkeiten, dass die Lebenshaltungskosten tiefer und die Löhne real mehr wert sind. Das steigert die Arbeitsanreize sowie die Wettbewerbsfähigkeit der Schweiz und insbesondere ihrer Grenzregionen. Viertens profitieren alle Konsumenten von den Einkaufstouristen. Weil diese sich die hohen Schweizer Preise nicht einfach gefallen lassen und nach besseren Alternativen suchen, entsteht Druck auf die Produzenten und Detailhändler, die Schweizer Preise zu senken.

Auch die Öko-Argumente ziehen nicht
Fünftens ist die Behauptung, der Auslandeinkauf gefährde in der Schweiz Arbeitsplätze, längerfristig falsch. Die Schweizer Anbieter aus allen Branchen und Regionen klagen ja immer über die hohen Arbeitskosten. Die sind aber nur so hoch, weil hierzulande Arbeit überall knapp ist. Ein Rückgang der Beschäftigung in wertschöpfungsschwachen Firmen und Branchen bringt deshalb keine Arbeitslosigkeit, sondern nützt starken Firmen und Branchen und bringt Strukturwandel und höhere Produktivität. Sechstens ziehen auch die oft gegen Einkaufstourismus vorgebrachten ökologischen Argumente nicht. Seine Auswirkungen sind etwa im Vergleich zum Grenzgängerverkehr klein und oft sogar positiv. Bei vielen Familien ersetzt die große zweiwöchentliche Einkaufsfahrt ja viele kleine Einkaufsfahrten und zudem oft noch einen anderen Wochenendausflug. Folglich gilt: Einkaufstourismus ist gut. Er soll nicht erschwert, sondern gelobt werden.

(Handelszeitung, 11.8.2015)

Auch in der zweiten Duttweiler'schen Kategorie hinkt die Migros mittlerweile hintennach: nämlich in der Kategorie bequemes Einkaufen. Nur zaghaft führt Migros technische Neuerungen wie das Selbstscanning ein, und das auch nur in großen Filialen. Wer das Pech hat, bei Migros in Gebenstorf, einem kleinen Ort im Kanton Aargau, einzukaufen, der wartet geduldig in der Schlange vor häufig nur einer «befrauten» Kasse. Wahrscheinlich würde sich Duttweiler im Grab umdrehen oder zu den Gamebreakern moderner Provenienz überlaufen. Zum Beispiel zu Amazon Go, der Supermarktkette des gleichnamigen Unternehmens. Dort registrieren sich die Kunden beim Betreten des Ladens mit ihrem Handy, danach geht alles automatisch und ohne Kassen: Der Kunde nimmt die Produkte, die er

braucht, und verlässt mit ihnen den Einkaufsladen. Die Abrechnung erfolgt automatisch: Schlange stehen an der Kasse ist von gestern.

Derselbe Verlust von Gamebreaking-Kultur ist auch bei den beiden IT-Titanen IBM und HP zu konstatieren. Ganz offensichtlich kann der jahrzehntelange Erfolg auch träge und selbstgefällig machen, und aus Gamebreakern werden *Fakebreaker*, die zwar glauben, noch innovativ zu sein, mit ihren Innovationen aber den Kunden kaum einen Mehrwert liefern. Denn letztlich zählt nur dieser.

Unternehmen zelebrieren oft leere Innovationsrituale, die dann marktschreierisch kommuniziert werden. Das kann besonders gut am Beispiel von IBM aufgezeigt werden. Das Unternehmen sieht sich auch heute noch, nach fast hundertjährigem Bestehen, als Innovationsleader, mit einem Fakebreaker-Ritual, das sich seit fünfundzwanzig Jahren wiederholt. Jeden Januar verschickt IBM eine Medienmitteilung, in der das Unternehmen verkündet, dass es auch im abgelaufenen Jahr wieder die meisten US-Patente angemeldet habe.[28] Für 2017 blieb der Zähler bei 9043 stehen.

Diese Art von Innovation hat in der Vergangenheit offensichtlich Früchte getragen: In den neunziger Jahren des letzten Jahrhunderts konnte die IBM-Forschung dafür viel Beifall einheimsen – und sogar zwei Nobelpreise. Heute würde kaum jemand IBM als innovativstes Unternehmen der IT-Branche bezeichnen. Und auch auf die Geschäftsresultate hat die Patentflut keinen positiven Einfluss: Der Umsatz des Unternehmens ist seit Jahren rückläufig. Ähnliches gilt für den zweiten Technologiegiganten des letzten Jahrhunderts, Hewlett-Packard (HP), der sich lange Zeit als «HP Invent» bezeichnete und in seiner Blütezeit für sich in Anspruch nahm, elf Patente pro Tag anzumelden.[29]

Dass Patente allein keine kundenrelevanten Innovationen sind, zeigt der Innovationsforscher Vivek Wadhwa. Er zerpflückt die Vorstellung, dass Patente mit echter Innovation gleichzusetzen seien, und entlarvt diese als leeres Ritual. Denn es sei im Grunde genommen das Gegenteil von wahrer Innovation: Erfolgreich seien heute Unternehmen, die ihre Mitbewerber ganz nah am Markt mit echter, kundenrelevanter Innovation schlagen – Schnelligkeit und die Fähigkeit, sich immer wieder neu zu erfinden, seien dabei entscheidend. Das Streben nach Patenten hingegen verlangsame ein Unternehmen und vermittle die Illusion von Innovationen.[30] Denn je höher die (externe) Veränderungsgeschwindigkeit, desto gravierender wirken sich «Entschleuniger» aus. Und je höher die Veränderungsgeschwindigkeit, desto wichtiger ist das ganz alltägliche Gamebreaking der Mitarbeitenden einzuschätzen, das nicht durch die ganze «Patentschlaufe» muss und im Sinne von «Just do it» einfach «umsetzt». Also das ganz unspektakuläre, kontinuierliche Mitdenken und Mithandeln der Mitarbeitenden; das aktivierte unternehmerische Gen, das Mitarbeitende nicht auf die Erfüllung von Vorgedachtem reduziert, sondern für ihren spezifischen Arbeitsbereich auf ihr Expertenwissen setzt.

Warum sind die einstigen Gamebreaker (HP, IBM, Migros) zu Fakebreakern geworden? Die Gründe mögen vielfältig sein, aber zu vermuten ist, dass Migros sich selbst mit dem föderalistisch-genossenschaftlichen Organisationsmodell lähmt. Bei IBM und HP muss vermutet werden, dass das Prozess-Maschinenmodell, das beide bis zum Exzess umgesetzt haben, Verheerendes angerichtet hat. Das wichtigste Gut, die Mitarbeitenden, wurden zu reinen «Prozesserfül-

Aus der Praxis   **Warum Elon Musk ein Gamebreaker ist**

Ganz radikal hat der Automobilhersteller und Gamebreaker Tesla die Gamebreaker-Philosophie umgesetzt. Und dies mit einer Praxis, die in scharfem Kontrast zum «Patentweltmeister» IBM steht: Seit dem 12. Juni 2014 verzichtet das Unternehmen auf die Patentierung seiner Forschung. Technologische Führung – und damit der Unternehmenserfolg – leite sich nicht aus der Anzahl der Patente ab. Denn die Geschichte habe gezeigt, dass diese wenig Schutz gegen entschlossene Mitbewerber böten. Viel wichtiger sei es, die besten Ingenieure verpflichten, halten und motivieren zu können.[1] Und ihnen zudem den notwendigen Raum zu geben, um sich zu entfalten. Das Beispiel von Musk zeigt eines ganz deutlich: Gamebreaker setzen nicht nur auf die persönliche Brillanz – sie verstehen es auch, eine entsprechende Kultur zu fördern, und schrecken nicht davor zurück, dies mit unkonventionellen und «gewagten» Aktionen zu unterstreichen.

---

1 Tesla Blog vom 12. Juni 2014: https://www.tesla.com/blog/all-our-patent-are-belong-you

---

lern» degradiert mit den entsprechenden negativen Auswirkungen. Das ist genau das Gegenteil von Gamebreaking – es ist Fakebreaking, also die *Vorspiegelung von Innovation*. Statt die entsprechenden Lehren daraus zu ziehen, wurde die Jagd auf Patente intensiviert, also eine Lösung auf der Basis von «mehr desselben» angestrebt. Das lässt sich zwar als alljährliches, öffentlichkeitswirksames Ritual ausschlachten – aber die Flut von teilweise völlig unnützen und beliebigen Patenten, die jahrzehntelang als Garant für den Erfolg angesehen wurden («irgendein Patent wird uns schon retten»), ist in Zeiten hoher Veränderungsgeschwindigkeit deutlich weniger wert.

In der IT-Branche überleben gemäß dem Intel-Gründer Andrew S. Grove nur die Paranoiden.[31] Denn in der digitalen Welt sind die Eintrittshürden für Mitbewerber in vielen Bereichen sehr tief. Dies zwingt über die Jahre in träger Selbstzufriedenheit erstarrte Unternehmen, sich gegen neue, teilweise branchenfremde Mitbewerber durchzusetzen – was neben vielen IT-Unternehmen heute auch jedes Uber-holte Taxiunternehmen auf der ganzen Welt bestätigen würde. In einer solchen Situation hilft nicht jahrlange Forschung mit einem Dutzend Patenten – denn in diesem Moment hat ein Unternehmen mit Sicherheit schon das Zeitliche gesegnet. Angesagt ist agiles, unternehmerisches Denken und Handeln auf allen Ebenen: Gamebreaking vom einzelnen Mitarbeitenden bis zur Geschäftsleitung.

Doch scheint das Einfache – nämlich zu den Wurzeln und alten Tugenden zurückzukehren – ganz besonders schwierig. In die Jahre gekommene Branchenleader wählen einen anderen Weg: Oft wollen sie Innovation «einkaufen», inklusive dem damit verbundenen Gamebreaking-Verhalten. Das ist etwa so, wie wenn man sich ein Hawaii-Hemd kauft und damit meint, man werde mit dem Anziehen und Tragen des Hemdes automatisch auch die Hang-loose-Einstellung verinnerlichen und leben – und ist erstaunt, wenn das nicht funktioniert. Die allermeisten Dinosaurier leisten sich teure und nicht selten derart gravierende Fehltritte, dass die Krise massiv verschärft wird: Der Versuch, Innovation und Gamebreaking-Kultur einzukaufen, indem sie Unternehmen übernehmen, die sie als besonders agil einschätzen und die über bahnbrechende Technologien verfügen, ist häufig von Vorneherein zum Scheitern verurteilt.

Das beste Beispiel dafür liefert HP. Das Unternehmen hat 2011 für 10 Milliarden Dollar das britische Unternehmen Autonomy Corporation übernommen, das über eine Lösung für die Analyse unstrukturierter Daten verfügte. Unstrukturierte Daten sind grundsätzlich alle Daten, die nicht in relationalen, klar strukturierten Datenbanken abgelegt sind: Text, gesprochene Sprache, Bilder, Töne – also eigentlich die ganze Welt um uns herum. Das Potenzial einer solchen Software-Lösung ist selbstredend gigantisch. Doch bereits 2012 musste HP unglaubliche 8,8 Milliarden Dollar auf dem Kaufpreis abschreiben. HP beschuldigte die Geschäftsleitung von Autonomy, die Bücher geschönt zu haben, was in jahrelange Rechtsstreitigkeiten mündete. Der Vorwurf mag zwar stimmen, doch die große HP war ja eigentlich angetreten, mit der Software in völlig neue Geschäftsfelder vorzustoßen und ihren Kunden tiefe und geschäftsrelevante Einsichten zu ermöglichen. Das ist nicht gelungen: Das Potenzial der Autonomy-Lösung wurde nie auch nur annähernd erschlossen – die Idee erstickte schlicht und ergreifend in der gigantischen Prozessmaschinerie des Unternehmens. Eine Kultur wie die von HP, die auf eine gut geschmierte Logistik angewiesen ist für den Vertrieb von Millionen von PCs und Druckern, ist nicht unbedingt geeignet, hochstehende und individuelle Lösungen für das Informationsmanagement in Firmen bereitzustellen. Später wurde Autonomy zusammen mit den anderen Software-Produkten des Unternehmens für einen Bruchteil des Kaufpreises verkauft.

Genau denselben Fehltritt scheint IBM zu machen: Im Oktober 2018 gab Big Blue die Übernahme des Softwarehauses Red Hat bekannt. Der Übernahmepreis von 34 Milliarden Dollar ist der bei weitem höchste in der Geschichte von IBM – und die drittgrößte Übernahme überhaupt in der US-Technologiegeschichte. Der seit fünf Jahren schwächelnde Technologiegigant IBM unternehme damit einen verzweifelten Versuch, im Cloud-Wettlauf aufzuholen, meinte der Branchenanalyst Joel Fishbein im Fernsehsender CNBC.[32] Auch andere Kommentatoren zeigen sich kritisch, zumal Red Hat in die bestehende Hybrid Cloud Division von IBM integriert werden sollte. Damit treffen aber zwei völlig unterschiedliche Kulturen aufeinander – die Mitarbeitenden von Red Hat sind technologisch wie auch kulturell der «Open Source»-Bewegung verpflichtet, in der jeder zur Entwicklung einer Technologie beitragen kann. IBM dagegen hat eher eine proprietäre Kultur und Tradition. Das Wort proprietär stammt aus der Informatik und bezeichnet Computersysteme (Hard- und Software), die nur im herstellereigenen System einsetzbar und somit inkompatibel mit allen anderen (fremden) Systemen sind. Bei einer solchen Kultur werden deshalb das Recht und die Möglichkeit der Wieder- und Weiterverwendung von Technologie sowie Änderung und Anpassung durch Nutzer und Dritte stark eingeschränkt. Die Zukunft wird zeigen, ob der «Kulturwandel als Erfolgsbringer»[33] einen Beitrag leisten kann, um die strauchelnde IBM wieder auf die Beine zu bringen. Zweifel sind angebracht – denn der Kulturtransfer könnte voraussichtlich eher in die umgekehrte Richtung gehen.

Die Integration der übernommenen Unternehmen benötigt viel Zeit und bindet sehr viele Ressourcen, was meistens verheerende

Folgen hat. Denn das Zeitfenster, in der neue Ideen getestet, verworfen oder umgesetzt werden müssen, ist denkbar klein. Und es erfordert auch von Elefanten zu tanzen. Genau darin liegt die größte unternehmerische Leistung von Unternehmen wie Google oder Amazon: Zwar sind sie dem «Start-up»-Modus schon längst entwachsen. Aber sie sind nach wie vor kulturelle Gamebreaker, die auch in völlig neue Geschäftsfelder vorstoßen und sich dort sehr schnell an die Spitze katapultieren können.

Hilft alles nicht, bleibt als letzter Ausweg eine Schocktherapie: Das Unternehmen HP hat sich nach über fünfundsiebzig Jahren vierlich geteilt, nicht zuletzt deshalb, um nach den Worten der damaligen CEO Meg Whitman als eigenständige Unternehmen kleiner, schneller, agiler zu werden und die Innovation zu fördern. Obwohl es für eine abschließende Beurteilung noch zu früh ist, sind insbesondere beim Hersteller von PCs und Druckern (der den Namen HP behalten hat) positive Entwicklungen zu vermerken: Das Unternehmen konnte den Spitzenplatz beim Vertrieb von PCs vom ewigen Konkurrenten Lenovo 2017 zurückerobern.[34] Und es setzt auch im Zukunftsmarkt 3D-Printing Maßstäbe: Zwar sind die Umsätze mit 3D-Printing momentan noch gering verglichen mit den Umsätzen von PCs und konventionellen Druckern, dafür ist das Marktpotenzial gigantisch: auf 12 Billionen Dollar wird es geschätzt.[35] Es ist fraglich, ob diese Erfolge in der «alten» HP vor der Aufspaltung möglich gewesen wären.

Mit seinem Entscheid, auf Patente zu verzichten (siehe Praxisbeispiel auf Seite 76) zugunsten von schnellem Voranschreiten bei gleichzeitiger großer Bereitschaft, das Bestehende immer wieder in Frage zu stellen, hat Elon Musk, CEO von Tesla, des Pudels Kern getroffen: Die oben beschriebenen Verhaltensweisen von Gamebreakern erfordern einen tiefgreifenden kulturellen Wandel der Unternehmen. «Laid back – but ready for action»: Mit diesen Worten hat das Beratungsunternehmen Accenture die Kultur der jungen Gamebreaker im Silicon Valley beschrieben.[36] Sie ist geprägt von Schnelligkeit, der Freude am Experimentieren und Scheitern («done is better than perfect» oder «Do it. Try it. Fix it.») bei gleichzeitiger laserscharfer Fokussierung auf das Ziel und einem fast bedingungslosen Einsatz.

> **Lessons learned**
>
> - Gamebreaker können zu Fakebreakern werden, wenn sie die Kultur des Gamebreaking verlassen und sich stattdessen auf leere Innovations- oder Selbstbefriedigungsrituale kaprizieren.
> - Einen Geistesblitz zu haben, genügt nicht. Gamebreaker müssen diesen Geistesblitz auch operationalisieren und erfolgreich umsetzen.
> - Innovationen einzukaufen und sich gleichzeitig eine Gamebreaker-Kultur «überzustülpen» funktioniert selten und ist zum Vornherein zum Scheitern verurteilt.
> - Hat ein Unternehmen seine Gamebreaker-Kultur verloren, braucht es wahrscheinlich eine Schocktherapie, um zu alten Tugenden zurückkehren zu können.

8 Kultur isst Strategie und Struktur

Viele Manager spüren instinktiv, dass ihr Unternehmen die Fähigkeit verloren hat, wirklich bahnbrechende Innovationen hervorzubringen. Sie fühlen sich diffus bedroht von Unternehmen wie Google und Amazon, die dynamisch und voller Zuversicht in immer neue Branchen vorstoßen und diese durcheinanderwirbeln. Oder von Unternehmen wie Wirecard, das im August 2018 die Deutsche Bank hinsichtlich Marktkapitalisierung überholt hat – nach noch nicht einmal zwanzigjährigem Bestehen. Diese Führungskräfte suchen deshalb nach dem geheimen Elixier, das das eigene Unternehmen, die eigene Abteilung revitalisiert und zurück ins Spiel bringt. Denn dass es damit im Argen liegt, ist schon beim Gang durch die Abteilungen spürbar, wie es der folgende Dialog von Scott Adams, dem Vater der legendären Dilbert-Figur, karikiert:

> «Mein Arbeitsplatz im Großraumbüro ist umgeben von Idioten. Sie machen es mir unmöglich, mich auf meine Arbeit zu konzentrieren.»
> «Hast du deshalb eine Präsentation erstellt, weshalb du die Präsentation nicht machen konntest, die du hättest machen sollen?»
> «Ja.»
> «Wäre es nicht genauso einfach gewesen, die verlangte Präsentation zu machen?»
> «Schon, aber diese Präsentation kann ich mehr als einmal brauchen.»

Scott Adams wurde einmal gefragt, welches seine beliebtesten Dilbert-Episoden seien, und dieser Dialog schaffte es in die Top Ten.[38]

Der Cartoonist hatte zuvor Corporate America aus hautnaher eigener Erfahrung erlebt und gibt – zugegeben ein bisschen überspitzt, aber immer treffend – den realen Alltag wieder. Nicht zufällig hat er deshalb eine große weltweite Anhängerschaft, gerade aus den Reihen dieser von der Bürokratie gequälten Mitarbeitenden, weil er es schaffte, auf witzige Art und Weise auf den Punkt zu bringen, wie die alles erstickende Bürokratie und ein unfähiger Manager selbst hochtalentierte Ingenieure daran hindern können, gute Resultate zu erbringen. Viele seiner Leser sehen darin offenbar ihren Alltag gespiegelt.

Einem echten Gamebreaker ist genau diese in den Dilbert-Cartoons beschriebene Bürokratie völlig zuwider. Er fühlt sich wohl in einer Umgebung, in der genau das Gegenteil gefragt ist. Nicht blinde Erfüllung vorgekauter Prozesse, sondern kreatives und eigenverantwortliches permanentes Suchen nach der besten Lösung, um das Unternehmensziel zu erreichen. Gefragt sind Geistesblitze statt jahrelange Forschung, freier Austausch in der Community statt Brüten im Forscher-Cubicle, Proof of Concept im Markt statt aufwendiges Verfassen von Patentschriften, Ausnutzen von «First Mover Advantage» und «Trial and Error»-Mentalität statt zentimeterdicke Business-

pläne und Dutzende unnützer Patente, freies Assoziieren statt Excel-Orgien. Und zudem mehr Risiko, und zwar persönliches und unternehmerisches, aber – zumindest potenziell – auch mehr Gewinn.

Viele Manager suchen nach neuen, «richtigen» Organisationsmodellen, die die Kreativität zum Leben erwecken sollen. Das «richtige» Organisationsmodell soll es ermöglichen, dass sich das Unternehmen evolutionär den schnell wechselnden Marktbedürfnissen anpasst, dass individuelle Kreativität einen Platz findet und all das mit kontrollierten unternehmerischen Risiken.

Der prominenteste Ansatz dieser Bewegung ist das Managementsystem Holacracy des US-Unternehmers Brian Robertson.[39] Ihm war in den letzten Jahren auch in der Schweiz große Aufmerksamkeit beschieden – unter anderem deshalb, weil Swisscom dieses Managementsystem in einigen Abteilungen eingeführt hat. Das hat erstaunlicherweise selbst in der Boulevardzeitung «Blick» seinen Niederschlag gefunden. Es ist wahrscheinlich das erste Mal, dass sich diese Zeitung mit dem Thema Organisationsentwicklung beschäftigt hat, was vielleicht am provokativen Titel «Swisscom schafft die Chefs ab» liegen mag.[40]

Holacracy ist deshalb interessant, weil das Managementsystem dem Einzelnen genau jenes kreative Fenster zu öffnen scheint, das Gamebreaking-Verhalten ermöglicht: Mitarbeitende haben im Rahmen der ihnen zugewiesenen Rolle ein sehr hohes Maß an Entscheidungskompetenz. Denn es geht bei Holacracy um wesentlich mehr als um die «Abschaffung» des Chefs. Zentral ist die Trennung von Personen und den notwendigen Rollen, die ein Unternehmen braucht, um seine Ziele zu erreichen. Jeder Mitarbeitende kann mehrere Rollen übernehmen, innerhalb derer er als Spezialist eigenverantwortlich entscheiden kann – ohne einen Chef zu fragen. Die traditionelle hierarchische Struktur der Unternehmen weicht einer Struktur von Kreisen, für die die entsprechenden Rollen definiert wurden, um einen bestimmten inhaltlichen Bereich erfolgreich bearbeiten zu können. Die Kreise sind ihrerseits wieder über Superkreise und Subkreise verbunden. Diese Kreise und die Verbindungen zwischen diesen dienen als Klammern für das ganze Unternehmen. Die

Geschäftsleitung verschwindet im Übrigen keineswegs, sondern soll sich auf ihre eigentliche Arbeit, nämlich die strategische Weiterentwicklung des Unternehmens, fokussieren können.

Gamebreaking und Hierarchie – ein Widerspruch?

Vom «hierarchielosen Führen» bis hin zu radikaler «Selbstorganisation» mit Verzicht auf Führung werden immer mehr Managementsysteme propagiert, die meistens zum Ziel haben, Innovation zu fördern und damit der Disruption zu entgehen. Ist das wirklich ein probates Mittel? Elliott Jaques, einer der Väter der Organisationsentwicklung, hat sich zeitlebens für den Wert von Hierarchien eingesetzt und sich geweigert, seine Überzeugungen zugunsten zeitgeistig-modischer neuer Ansätze zu opfern, was ihn zu einer kontroversen Figur machte. Hierarchien – formelle oder versteckte – galten für ihn als wichtige Voraussetzung für gerechte und produktive Organisationen. Es gibt unzählige Bücher und Artikel, die belegen wollen, dass Hierarchien schlecht sind und negativ für die Förderung von Innovation und Selbstverwirklichung der Mitarbeitenden. Das Gegenteil trifft zu: Basisdemokratische Konzepte sind kaum förderlich für Gamebreaking. Denn sich selbst regulierende, basisdemokratische oder genossenschaftliche Modelle bleiben oft passiv oder verändern sich nur langsam: Weil sich die Mitglieder nicht auf eine Vorgehensweise einigen können. In der zähflüssigen Basis- und Konsensdemokratie geht der Gamebreaker unter: Er will seine Ideen hier und jetzt und am liebsten schon gestern umsetzen.

Sehr viele Unternehmen leisten sich heute geschützte «Innovations-Hubs», die Innovationen fördern oder gar das angestammte Geschäftsmodell in Frage stellen sollen. In solchen «geschützten Räumen» wird zwar häufig auf formelle Führungsstrukturen verzichtet. Umso stärker ist die informelle Führung: Damit die Einheit nicht in einem Ozean guter Ideen versinkt, braucht es Führung, die eigenen oder fremden Ideen zum Durchbruch verhilft. Genauso wichtig sind hierarchische Strukturen im Gesamtunternehmen: Denn nur die Führungsebene eines Unternehmens hat die Autorität, solche geschützten Räume zu schaffen – und dafür zu sorgen, dass die aus ihnen erwachsenden Ideen auch (häufig gegen den erbitterten Widerstand gestandener Platzhirsche) im Gesamtunternehmen durchgesetzt werden.

Neuere Forschungen scheinen dies zu bestätigen. Beispielsweise zeigen Bret Sanner und J. Stuart Bunderson anhand vieler praktischer Beispiele, dass es Teams mit klaren Hierarchien sehr viel besser gelingt, neue Ideen zu generieren und diese praktisch umzusetzen.[41] Allerdings geben die Autoren auch Ratschläge, wie Hierarchien im unternehmerischen Kontext einzubetten wären. Erstens müssen Organisationen eine klare «Chain of Command» haben.

Zweitens müssten Unternehmen eine leistungsorientierte Kultur haben – und Leistung müsse auch transparent gemacht, belohnt und gefeiert werden. Und drittens müssten die in der Hierarchie ganz oben stehenden Verantwortlichen Gruppenziele statt individuelle Ziele definieren. Gerade der erste Punkt ist bei sehr vielen globalen Großunternehmen ganz und gar nicht gegeben: Denn die meisten Unternehmen haben noch viel zu viele Hierarchiestufen mit einer unklaren Kompetenzregelung. Oder noch schlimmer: Sie haben Matrixorganisationen, bei denen sich Entscheidungskompetenz und Verantwortlichkeiten in den komplizierten Organisations-Charts verlieren. Solche Matrix-Monster dürften viel zum schlechten Ruf von Hierarchien beigetragen haben.

Immerhin scheinen sich in der Zwischenzeit viele Hierarchien zu verflachen: Mussten früher viele Hierarchiestufen geschaffen werden, um all die angepassten Corporate Climbers zu belohnen, wird heute vernünftigerweise nach dem Prinzip «So viel wie nötig, so wenig wie möglich» verfahren. Das erfordert auf der anderen Seite natürlich auch sehr viel mehr Eigenverantwortung der Geführten – denn ihr Vorgesetzter hat angesichts der steigenden Zahl seiner betreuten Mitarbeitenden auch weniger Zeit.

Die Digitalisierung fördert den Abbau von Hierarchien, weil die Verteilung von Information demokratisiert wird und sich die Organisation von Teamarbeit mittels digitaler Plattformen wesentlich einfacher strukturieren lässt. Adäquate Hierarchien, welche die oben genannten Bedingungen erfüllen, fördern Gamebreaking.

Ist somit Holacracy der heilige Gral für Gamebreaking? Schließlich kann jeder Einzelne innerhalb seiner zugewiesenen Rolle sehr weitgehend kreativ werden. Um in diesem Modell erfolgreich arbeiten und die Funktionsweise der verschiedenen Rollen, Ziele, Bereiche (Domains) verstehen zu können sowie von der «Verfassung» bis zur effizienten Meeting-Gestaltung das ganze Holacracy-Instrumentarium zu beherrschen, müssen alle Mitarbeitenden intensiv trainiert werden. Insbesondere gilt es auch, alte Verhaltensweisen über Bord zu werfen und neue einzuüben. Das ist aus Sicht der Unternehmen nicht zuletzt im Hinblick auf die großen Personalfluktuationen eine Sisyphus-Arbeit und aus Sicht von Robertsons Consulting-Firma HolacracyOne eine Lizenz zum Geld verdienen. Vor allem bei Großunternehmen mit hunderttausenden, über die Welt verstreuten Mitarbeitenden ist die Herausforderung groß. Der finanzielle, zeitliche und logistische Aufwand wäre gigantisch. Obwohl Robertson betont, dass Holacracy mittlerweile in Unternehmen aller Größen eingesetzt wird, darf doch füglich bezweifelt werden, ob die aufwendige organisatorische Darstellung von Kreisen, Super- und Subkreisen in einem Großunternehmen erfolgreich bewerkstelligt werden kann. Es fällt schwer sich vorzustellen, wie all diese Kreise in einer koordinierten und effektiven Art und Weise zusammenarbeiten können. Alles in allem schafft Holacracy somit wahrscheinlich mehr Strukturen und Zwänge, als es beseitigen wollte.

Selbst bei vergleichsweise kleinen Unternehmen hat die – von Robertson freimütig eingestandene – «nicht leichte Transformation» ihre Tücken, unter anderem hinsichtlich dem menschlichen Aspekt: Der Online-Händler Zappos, dessen CEO Tony Hsieh einer der glühendsten Anhänger von Holacracy ist, musste eingestehen, dass nach der Einführung von Holacracy 18 % der Mitarbeitenden das Unternehmen verlassen haben. Offensichtlich ist es nicht jedem gegeben, nur noch Rollenträger in einem fein austarierten Unternehmenssystem zu sein – und nicht mehr als Mensch wahrgenommen und angesprochen zu werden. Echte Gamebreaker dürften auch Mühe haben mit der äußerst rigiden Systematik der Holacracy-Verfassung: Ein echter Gamebreaker könnte seine Kreativität wohl kaum genau und ausschließlich auf den von seiner Rolle vorgegebenen Bereich fokussieren. Wäre Elon Musk in einem Holacracy-Korsett eingespannt gewesen, hätte die Geburt von Tesla wohl nie stattgefunden, und die führende deutsche Automobilindustrie würde noch heute Verbrennungsmotoren optimieren, ohne auch nur einen Moment an Elektroautos zu denken.

Die Stimmen der Kritiker am – zumindest auf den ersten Blick – Gamebreaker-Konzept Holacracy häufen sich deshalb. Unter den prominentesten findet sich der Zukunftsforscher Paul Saffo, der Holacracy als «größten Blödsinn» bezeichnet, der «nie funktionieren könne». Zwar habe das Managementsystem gute Elemente, aber es ist wie beim Kommunismus: Er funktioniert nur dann, wenn alle gute Menschen wären – was offensichtlich nicht der Fall ist.[42]

Immerhin sind zwei Kerngedanken von Holacracy wichtig für das Etablieren einer erfolgreichen Gamebreaking-Kultur: Erstens der Einbezug *aller* Mitarbeitenden im Rahmen ihrer Kompetenzen. Das ist erstaunlicherweise nicht mehr selbstverständlich in modernen Unternehmen. Zweitens definiert Holacracy einen Königsweg, um mit den Spannungen im Unternehmen umzugehen. Das ist im Zusammenhang mit Gamebreaking wichtig, denn diese Spannungen sind in einem Gamebreaker-Unternehmen wesentlich größer als in einem «normalen» Unternehmen: Sich aneinander reiben, sich permanent in Frage stellen, Bestehendes disruptieren – all das zieht ganz natürlich viel Spannungen nach sich. Holacracy beschreibt erfolgreich, wie man durch Arbeiten *im* Team wie auch Arbeiten *am* Team diese Spannungen zielgerichtet nutzt: Operative Meetings werden ergänzt durch Governance Meetings, in denen über die operative Arbeit und die daraus entstehenden Spannungen reflektiert wird (siehe Abbildung 4).

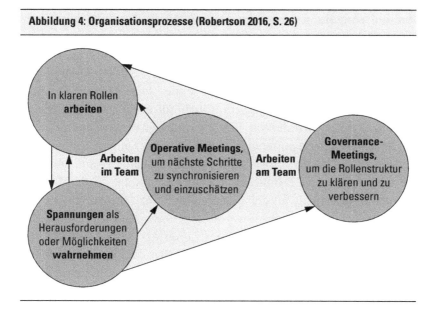

Abbildung 4: Organisationsprozesse (Robertson 2016, S. 26)

Die Frage ist nur: Braucht es wirklich ein derart komplexes Managementsystem, um diese beiden wichtigen Dinge zu realisieren? Wie haben dies die ursprünglichen Gamebreaker IBM und HP geschafft? Eine wichtige Voraussetzung war, die Mitarbeitenden langfristig an das Unternehmen zu binden und sie auf die Gamebreaking-Kultur zu verpflichten. Typischerweise verbrachten sehr viele der Mitarbeitenden ihr ganzes Berufsleben bei diesen beiden Unternehmen, und zwar in verschiedensten Positionen und teilweise mit völlig unterschiedlichen Aufgaben, was von beiden Unternehmen stark gefördert wurde. Denn wenn die Geisteshaltung der Mitarbeitenden der entscheidende Erfolgsfaktor ist, macht es Sinn, diese möglichst ein Leben lang ans Unternehmen zu binden. Voraussetzung war allerdings, dass das Unternehmen über eine hervorragende (meist) interne wie auch externe Weiterbildung verfügte, um die positionsspezifischen Fähigkeiten zu vermitteln. Insbesondere IBM pflegte von Beginn weg eine intensive Weiterbildungskultur.[43] Parallel dazu kannte IBM die sogenannte «Full Employment Policy», die ihre Wurzeln in der großen Depression der dreißiger Jahre des letzten Jahrhunderts hat: Im Gegensatz zu vielen anderen Unternehmen hatte CEO Watson darauf verzichtet, während der großen Krise Mitarbeitende aus wirtschaftlichen Gründen zu entlassen – was sich bezahlt machte, als das Unternehmen einige Jahre später einen großen Auftrag der Sozialversicherungsbehörde erhielt.[44] Die Full Employment Policy wurde von IBM bis Anfang neunziger Jahre des letzten Jahrhunderts aufrechterhalten. Dass das Unternehmen davon abgerückt ist, wurde von Harvard-Professor Daniel Quinn Mills im Bestseller «Broken Promises: An Unconventional View of What Went Wrong at IBM» als der zentrale Grund für den Abstieg des Unternehmens angesehen.[45]

Entsprechend hoch war die Motivation der Mitarbeitenden der «alten» IBM wie auch der unbedingte Wille, das eigene Unternehmen jeden Tag weiterzubringen – und durch persönlichen Einsatz und Einfallsreichtum dazu beizutragen, dass das Unternehmen gedeiht. Moderne Unternehmen haben in der Regel keine Mitarbeitenden in der von Watson beschriebenen Qualität. Denn die Mitarbeitenden sehen sich mit der Zeit als genau das, was sie aus Sicht des Unternehmens sein sollen: Rädchen im Unternehmensgetriebe. Bis das Unternehmen irgendwann merkt, dass das Getriebe stockt beziehungsweise von anderen, effektiveren Mitbewerbern abgelöst zu werden droht. Die Einführung eines aufwendigen Managementsystems, um das Potenzial der weltweiten «Workforce» zu erschließen, ist dann eine logische, aber ausgesprochen umständliche und wahrscheinlich nicht erfolgreiche Maßnahme. Viel effektiver (aber auch nicht einfacher) wäre eine kulturelle Erneuerung.

Sind diese «Basic Percepts», also die Unternehmenswerte, heute noch gültig – oder sind sie in Zeiten erhöhter Veränderungsgeschwindigkeit nur noch eine nostalgische Erinnerung an früher? Und kann man es sich vor allem auch leisten, von permanenten Restrukturierungen abzusehen oder gar eine «Full Employment Policy» zu haben? Man kann – das zeigen mehrere gute Beispiele der heutigen Unternehmensführung. Etwa Swatch, deren Gründer Nicolas Hayek nach übereinstimmender Einschätzung die Schweizer Uhrenindustrie mit der Erfindung der gleichnamigen Uhr in den siebziger Jahren gerettet hat. Unter dem Titel «Die Swatch fiel nicht vom Himmel» beschreiben die Innovationsforscher Stephanie Kaudela-Baum, Jacqueline Holzer und Pierre-Yves Kocher den Kern des Erfolges: «Die Entwicklung der Swatch zeigt auf, wie viele kreative Akteure aus unterschiedlichen Funktionsbereichen und mit mannigfachen Branchenkenntnissen zu verschiedenen Zeitpunkten wichtige Beiträge zum Innovationserfolg geliefert haben. Darüber hinaus zeigt die Geschichte der Swatch auf, wie bedeutend Freiräume für die Entstehung von bahnbrechenden Innovationen sind.»[46]

Aus der Praxis Wie Cisco geschützte Räume schafft

Eines der nachhaltig erfolgreichsten Unternehmen in der jüngeren IT-Geschichte ist Cisco. Der Marktführer im Bereich Netzwerktechnologie hat es geschafft, über Jahrzehnte mit monopolverdächtigen Marktanteilen im heiß umkämpften und schnell wachsenden Netzwerkgeschäft an der Spitze zu bleiben.

Gemäß John Chambers, der das Unternehmen zwanzig Jahre (!) lang führte, bestand eine der größten Herausforderungen darin, den «Start-up-Charakter» des 1984 gegründeten Unternehmens zu bewahren – trotz Milliardenumsätzen und starkem Wachstum in den neunziger Jahren des letzten Jahrhunderts. Denn je größer ein Unternehmen, desto schwieriger haben es vor allem selbstdisruptive neue Ideen, und seien sie noch so gut. Neue Ideen sind immer eine große Bedrohung für die bestehenden Platzhirsche, die darauf mit den immer gleichen zwei Strategien antworten: mit Antikörpern oder Liebe. Die Strategie der Antikörper ist darauf bedacht, das Neue zu zerstören, bevor es wirklich (zu) mächtig wird. Die Strategie der (scheinbaren) Liebe ist darauf aus, das Neue zu vereinnahmen und im Sinne der eigenen Ziele umzulenken. Beides ist für disruptive Innovation absolut tödlich. Und damit hatte Chambers ein Problem. Denn er wusste: Wer sich in dieser Branche nicht selbst kannibalisiert, ist akut gefährdet.

Die Antwort des gewieften CEO auf diese Herausforderung war 2005 die Gründung der Emerging Markets Technology Group (EMTG), die «geschützte Räume» für neue Geschäftsideen bieten sollte. Diese Gruppe war nicht nur mit sehr viel Geld und den besten Köpfen des Unternehmens ausgestattet, die «geschützten Räume» boten auch weitgehende unternehmerische Freiheiten und mussten sich nicht an die vielen gängigen, alle Innovation erstickenden «Corporate Rules» halten. Auf diese Weise konnten neue Geschäftsmodelle getestet werden und, falls erfolgreich, so stark im geschützten Raum wachsen, dass sie derart groß und bedeutsam waren, dass sie in die «freie Wildbahn» entlassen und nicht mehr so einfach vernichtet oder manipuliert werden konnten. Erfolgsentscheidend war indes auch, dass der Erfolgsdruck im geschützten Raum genau gleich hoch war wie in realen Start-up-Unternehmen: Cisco rechnete damit, dass etwa eine von fünfzig evaluierten Geschäftsideen den rigiden Evaluationsprozess überstehen und zu einem Erfolg werden würde. Die EMTG erhielt deshalb den Auftrag, 1000 Geschäftsideen zu entwickeln, und das erst noch mehrheitlich auf einem neuen Gebiet: War Cisco bis anhin im «Business-to-Business»-Bereich tätig, wollte die Netzwerkkönigin in Zukunft immer mehr im «Business-to-Consumer»-Bereich Umsatz erzielen. John Chambers, für seine unzimperliche Art bekannt, überwachte die geschützten Räume und sorgte dafür, dass der Druck immer hoch gehalten wurde. Die EMTG war ein großer Erfolg, und dies nicht nur, weil der «geschützte Raum» in der Lage war, neue Geschäftsideen zu milliardenschweren Umsatzträgern wachsen zu lassen. Die EMTG führte auch eine «Start-up»-Kultur im Unternehmen ein, die sich bis heute gehalten hat. In einem 2016 lancierten Programm «Cisco Ignites Companywide Startup Culture»[1] verpflichtete das Unternehmen seine Mitarbeitenden auf eine «Startup Culture», die sich wie eine Anleitung zum Gamebreaking liest. Auf diese Weise gelang es dem ebenfalls zentralistisch und prozessgeführten Unternehmen Cisco, die negativen Auswirkungen dieses Organisationsmodells stark zu mildern.

Aus dem Beispiel von Cisco können Unternehmen aus allen Branchen lernen, dass solche «geschützten Räume» ein geeignetes Mittel sind, um disruptive Innovation im Digitalzeitalter zu fördern. Resultate sind sehr viel schneller zu erzielen, als wenn man eine «Kulturrevolution» in erstarrten Großunternehmen durchexerzieren muss. Es ist ein Unternehmen mit zwei Geschwindigkeiten möglich: Dasjenige der schnellen, auf Innovation und Disruption ausgerichteten Gamebreaker, die weitgehende Freiheit haben außerhalb der traditionellen Kontroll- und Steuerungsfunktionen. Und das «alte» Unternehmen, das von der Gamebreaking-Abteilung profitiert. Allerdings muss die Geschäftsleitung den Mut haben, die nötigen Mittel zur Verfügung zu stellen – und die Räume wirklich zu schützen: Gegen unternehmensinterne Heckenschützen, aber auch gegen eigene Zweifel, denn viele darin entstehende Ideen erscheinen zunächst abgehoben und unrealistisch. Aber gerade darum geht es bei disruptivem Gamebreaking: Die Welt auf den Kopf zu stellen und das Undenkbare zu denken.

---

1 http://www.innovationmanagement.se/wp-content/uploads/2016/08/cisco-innovate-everywhere-challenge-whitePaper_6.9.16.pdf

---

Die patriarchalische, aber mitarbeiterbezogene Führung wurde auch beim Übergang vom Vater zum Sohn und mit dem Aufstieg von Swatch zum Milliarden-Unternehmen nicht aufgegeben. Während andere Unternehmen nach der Finanzkrise von 2008 massenhaft Leute entlassen haben, betonte Swatch-Chef Nicolas Hayek jr. den Wert der Mitarbeitenden und warnte vor kurzfristigen Gewinnoptimierungsmaßnahmen. Auch 2016, nach enttäuschenden Resultaten und Problemen in drei Ländern hat er bekräftigt: «Wir wollen unsere Fabriken weiter laufen lassen und keine Leute entlassen.»[47] Und tatsächlich zogen die Bestellungen einige Zeit später wieder an und die Fabriken waren wieder ausgelastet. Neben diesem rein betriebswirtschaftlichen ist aber auch der psychologische Aspekt einzubeziehen: Die Wirkung einer solchen Aussage auf die Mitarbeitenden ist enorm, und zwar auch für solche, die nicht mit einer Entlassung rechnen müssen. Denn von Restrukturierungen bei anderen Firmen können sie nicht nur fast jeden Tag in der Zeitung lesen – mittlerweile gibt es sogar den entsprechenden Film: «Up in the air», mit George Clooney in der Hauptrolle als Profi-Rausschmeißer. Es ist nicht schwer, sich auszumalen, wer motivierter ist, für sein Unternehmen das Beste zu geben: ein Mitarbeitender von Swatch oder einer von einem restrukturierenden Mitbewerber?

Dabei ist zu beachten, dass die Unternehmenskultur bei Swatch keineswegs als «Warmduscher»-Kultur gilt, ganz im Gegenteil. Der Uhrenhersteller ist enorm restriktiv bei der Einstellung neuer Mitarbeitender, was eben genau Ausdruck jener Verantwortung ist, die das Unternehmen für seine Mitarbeitenden fühlt. Im Klartext: Es ist das Gegenteil jener «Hire-and-fire»-Kultur, die viele andere Großunternehmen praktizieren. Kommt es dann zu Einstellungen, werden aber Höchstleistungen von den Mitarbeitenden verlangt.

Diese mitarbeiter- und leistungsbezogene und dabei auch patriarchalische Unternehmenskultur ist übrigens nicht nur auf das Unternehmen Swatch begrenzt, sondern typisch für viele Familienunternehmen. Dass eine solche sehr viel nachhaltiger und erfolgreicher als die beschriebenen Prozessmaschinerien mit Hire-und-fire-Mentalität ist, lässt sich an einer Studie der Credit Suisse festmachen. Danach sind Familienunternehmen die besseren Investments als Manager-geführte Publikumsunternehmen. Börsenkotierte Familienunternehmen arbeiten profitabler und ihre Aktien entwickeln sich besser als die Papiere vergleichbarer Firmen.[48]

 **Was ist eigentlich Unternehmenskultur?**

Im Film «A few good men» mit Jack Nicholson und Tom Cruise wird vor einem Militärstrafgericht der Tod des Soldaten William Santiago untersucht. Er soll durch einen sogenannten «Code Red», eine von höherer Stelle befohlene, illegale Strafaktion, ums Leben gekommen sein. In einer der Schlüsselszenen des Films bestreitet der Militäranwalt, dass es so etwas wie einen «Code Red» überhaupt gebe, und fordert den Angeklagten auf, ihm im Militärhandbuch, der Bibel der US Army, die Stelle zu zeigen, wo der Einsatz von Code Reds geregelt sei. Der Angeklagte kann das natürlich nicht, da es Code Reds offiziell gar nicht gibt. Die Replik von Tom Cruise, dem Verteidiger, ist ebenso verblüffend wie genial: Er fordert seinen Mandanten auf, ihm im Handbuch zu zeigen, ob und wo es Toiletten gibt. Auch das ist natürlich im Handbuch nicht geregelt. Auf die entsprechende Frage von Cruise antwortet der Angeklagte: «Man weiß halt einfach, dass es sie gibt und wo sie sind.»

Die allermeisten Unternehmen haben Leitbilder, in denen definiert wird, welche Werte und Verhaltensweisen gelten sollen. Solche Leitbilder geben einen Hinweis auf das Selbstbild des Unternehmens hinsichtlich der eigenen Kultur. Aber Selbstbild und Fremdbild müssen nicht immer identisch sein. Entsprechend sagen solche Leitbilder bei weitem nicht aus, wie es sich mit der Kultur im betreffenden Unternehmen wirklich verhält, wie auch das Militärhandbuch die Kultur in der Army nicht vollständig beschreibt – denn natürlich gibt es in der Praxis tatsächlich Code Reds für abweichendes Verhalten. Wie lässt sich Kultur also definieren? «Organisationskultur ist die Sammlung von Traditionen, Werten, Regeln, Glaubenssätzen und Haltungen, die einen durchgehenden Kontext für alles bilden, was wir in dieser Organisation tun und denken.»[49] Diese Definition ist zwar sehr korrekt, aber auch umständlich. «So wie wir die Dinge hier machen» bringt kurz und knackig auf den Punkt, worum es bei der Kultur letztlich geht.[50] Vieles von dem, was «hier gemacht wird», ist dabei niemals schriftlich niedergelegt worden. Um die Kultur eines Unternehmens wirklich ergründen zu können, ist es deshalb für einen Gamebreaker, der ein passendes Unternehmen sucht, unerlässlich, sich mit den zukünftigen Kollegen auszutauschen, um die jeweilige Kultur spüren und erfassen zu können.

Lessons learned

- Neue Organisationskonzepte wie Holacracy wollen das erreichen, was früher in erfolgreichen (Groß-)Unternehmen selbstverständlich war: das Wissen und Können jedes einzelnen für den Unternehmenserfolg nutzbar zu machen.
- Permanentes Gamebreaking führt zu permanenten Spannungen im Unternehmen – diese gilt es produktiv zu nutzen, wozu Holacracy wertvolle Hinweise gibt.
- Adäquate Hierarchien sind kein Widerspruch zu einer Kultur des Gamebreaking.
- In «geschützten Räumen» kann sich disruptives Gamebreaking schnell entwickeln.

9 Sieben Schritte zum erfolgreichen Gamebreaker

In den bisherigen Kapiteln wurde aufgezeigt, was die Eigenschaften eines echten Gamebreakers sind und dass Gamebreaking auf einen einfachen Nenner zu bringen ist: Sich selbst und seine Sicht auf die «objektive» Wirklichkeit permanent in Frage zu stellen, weil sich diese Wirklichkeit laufend und immer schneller verändert. Und dann die daraus resultierende Erkenntnis in kleinen Schritten sofort umsetzen: «Do it. Try it. Fix it.»

Unternehmer und Manager haben die Aufgabe, Gamebreaking im Unternehmen zu ermöglichen und dafür zu sorgen, dass Beiträge von allen Mitarbeitenden aufgenommen werden, um das Spiel entscheidend zu verbessern. Das ist eine Frage der Kultur und weniger der Organisationsform. Zwar begünstigen gewisse Organisationsansätze Gamebreaking (Holacracy), indes sind sie sehr aufwendig zu implementieren. Ein Kulturwandel im Unternehmen und «geschützte Räume» für schnelle disruptive Innovationen sind im Allgemeinen der bessere Weg.

In zentralistischen, prozessverhafteten Organisationsformen und -kulturen sind Feedbacks von der Basis nach oben kaum vorgesehen. Ganz im Gegenteil: Belohnt wird Prozesskonformität und nicht das individuelle Mitdenken. Lässt sich die Prozesskultur nicht ändern, muss sich ein Gamebreaker ein anderes Spiel suchen. Denn sonst lebt er – wie auch das betreffende Unternehmen – gefährlich: Es wurde aufgezeigt, dass Gamebreaking als permanente Geisteshaltung und die daraus resultierenden Verhaltensänderungen im Zeitalter der durch die Digitalisierung stark erhöhten Veränderungsgeschwindigkeit notwendiger denn je ist. Wer sich nicht evolutionär und manchmal sogar revolutionär den sich verändernden Verhältnissen anpassen kann, wird disruptiert. Eine Kultur des Gamebreaking erfordert auf der anderen Seite keine basisdemokratischen Konzepte, ganz im Gegenteil: Es braucht in Unternehmen eine gestaltende Kraft, die das geballte Gamebreaking der Mitarbeitenden sichtet, bewertet und umsetzt. Hierarchien und patriarchalische Strukturen müssen Gamebreaking nicht behindern.

Echtes Gamebreaking wird in den nächsten Jahren immer mehr darüber entscheiden, ob Unternehmen oder einzelne Mitarbeitende «im Spiel» bleiben. «Im Spiel bleiben» heißt für Unternehmen, in ihrer Branche (oder in einer neuen Branche) eine führende Stellung einzunehmen und den Kunden immer bessere Produkte oder Dienstleistungen zu erbringen – und zwar auf die effizienteste und effektivste Art, die es überhaupt gibt. Wer das verpasst, wird früher oder später disruptiert. Unternehmensführer und Manager werden in Zukunft immer mehr daran gemessen werden, inwiefern sie es verstehen, eine solche Kultur des Gamebreaking aufzubauen und zu erhalten, wie dies Gamebreaker-Unternehmen wie Google erfolgreich vormachen. Auf individueller Eben heißt «im Spiel bleiben», dass man sich selbst und seine Tätigkeit immer wieder hinterfragt – und sein Spiel auf diese Weise ständig verbessert. So wird man nie gezwungen sein, vom Bankdirektor zum Fahrradkurier abzusteigen. Denn ein solcher Abstieg ist für die wenigsten Menschen erstrebenswert – ganz abgesehen davon, dass genau diese Absteiger-Jobs in Zukunft von der Automatisierungs- und Digitalisierungswelle vernichtet werden.

Zu betonen ist, dass die Digitalisierung zwar tatsächlich Jobs beseitigen wird – unter dem Strich werden aber mehr Arbeitsplätze geschaffen als verloren gehen. Digitalisierung ist in absoluten Zahlen gesehen kein «Job-Killer», wie dies einige Schwarzseher immer wieder verkünden. Nur lohnt es sich, sehr genau zu überlegen, wo man tätig sein will – damit man nicht immer wieder von der digitalen Welle überrollt wird.

In den folgenden Abschnitten werden sieben Schritte aufgezeigt, mit denen jedermann seine Gamebreaker-Fähigkeiten stärken und über die Zeit zum echten Gamebreaker werden kann. Die sieben Schritte sind von jedermann zu gehen – man muss es nur tun. Denn Gamebreaking ist nicht etwas, das man hat oder nicht hat. Im Grunde genommen ist jedes Kleinkind ein Gamebreaker – denn es nimmt die Welt nicht auf der Basis vordefinierter Wirklichkeiten und Regeln wahr, sondern staunt jeden Tag aufs Neue und entwickelt jeden Tag andere Fähigkeiten, um mit der sich ihm erschließenden Wirklichkeit umzugehen. Erst mit der Schule und dann später in Unternehmen mit einer rigiden und wenig flexiblen Prozessmaschinerie geht das kindliche, alles in Frage stellende Staunen verloren – und man sieht die Welt so, wie sie «halt ist», und akzeptiert die Rolle, die einem im großen Masterplan der vielen kleinen Prozessschritte zugeordnet wird.

Dem muss nicht so sein. Gamebreaking kehrt diesen Prozess um und hilft, die kindliche, unverstellte Sicht zu verinnerlichen und die Umsetzung in kleinen, konkreten Schritten anzugehen. Die sieben Schritte sind für alle dieselben, vom Manager bis zum Mitarbeitenden auf der untersten Hierarchiestufe. Dabei ist die Wirkung für das Unternehmen auf Stufe Management natürlich besonders hoch: Sind die Verantwortlichen an der Spitze des Unternehmens Gamebreaker, dann werden sie ganz automatisch eine Kultur des Gamebreaking im Unternehmen fördern. Denn wer selbst immer Erneuerung und Verbesserung anstrebt, der wird das auch von seinen Mitarbeitenden erwarten und diese entsprechend fördern. Gamebreaker sind das Gegenteil von Diktatoren: Sie glauben an den Beitrag eines jeden Einzelnen und sind darauf sensibilisiert, diesen Beitrag aufzunehmen und in die Unternehmensstrategie einzubauen.

Schritt 1: **Die Analyse**
Wie gefährdet bin ich?

Im Film «About Schmidt» von Alexander Payne wird in einer der ersten Einstellungen die grandiose Hauptfigur (Jack Nicholson) am letzten Arbeitstag gezeigt. In langen Sequenzen führt der bisherige Jobinhaber Schmidt seinen Nachfolger als Aktuar in die Geheimnisse seiner Arbeit ein und übergibt ihm umständlich einen riesigen Stapel von Akten und Ordnern, die für die Arbeit in der Versicherungsgesellschaft absolut unerlässlich seien. In der darauffolgenden Einstellung verlässt Schmidt den Konzern zum letzten Mal – und muss mit ansehen, wie der Nachfolger die ganzen Unterlagen vermeintlich unbeobachtet in einen Müllcontainer kippt. Es ist zu vermuten, dass der Nachfolger dieselbe Arbeit völlig anders ausführt – wahrscheinlich mit sehr viel weniger Papier, dafür schneller und effektiver.

Schmidt ist offensichtlich nicht erfreut über das Verhalten seines Nachfolgers – müsste aber eigentlich hochzufrieden sein: Denn das Unternehmen hat ihm gestattet, sich in die Pensionierung zu retten, obwohl er in einem Uralt-Arbeitsparadigma verhaftet geblieben ist. Das ist vielen Stelleninhabern heute ganz und gar nicht gegönnt, und das verstehen sie nicht. Offensichtlich ist es für sehr viele Leute schwierig, sich einzugestehen, dass die eigene Arbeit eigentlich gar nicht mehr wichtig ist. Oder aber: dass sie zwar noch wichtig ist, aber auf eine andere Art sehr viel besser zu bewältigen wäre.

Warum ist das so? Vor vierzig Jahren führten Forscher am Massachusetts Institute of Technology unter dem Titel «What the frog's eye tells the frog's brain»[51] (was das Auge des Froschs dem Gehirn des Froschs sagt) ein mittlerweile klassisches Experiment durch: Sie untersuchten die Prinzipien der Wahrnehmung an einem einfachen Modell und verwendeten für ihre Untersuchung einen Frosch. Dabei kamen sie zum Schluss, dass sich der Frosch sein Bild von der Wirklichkeit mittels neuronaler Signale aus einer relativ banalen Kombination aus Lichtpunkten, Kontrasten und Bewegung zusammenstellt. So gelangt er zur Information, die er für sein Überleben braucht. Potenzielle Nahrung ist für ihn, was klein ist und sich quer zum Gesichtsfeld bewegt. Das ist zwar ein relativ beschränktes Bild der Welt, doch es macht Sinn: Weil es alles ist, was der Frosch seit Jahrmillionen für das Überleben braucht.

Was hat das nun mit Schmidt oder gar mit uns selbst zu tun? In gewissem Sinne verhalten wir uns genauso wie der Frosch. Wenn wir wahrnehmen oder Wissen erwerben, dann tun wir das, indem wir mehr oder weniger brauchbare Modelle entwerfen. Die Wirklichkeit wird nicht einfach gespiegelt, wie die meisten von uns meinen, sondern sie wird neu geschaffen beziehungsweise konstruiert. Diese Erkenntnis ist mittlerweile in unzähligen Forschungsbeiträgen bestens belegt.[52]

Besonders rigide sind wir bei der Konstruktion unserer Arbeitswelt: Denn Arbeit ist es, was wir für das Überleben brauchen – die Arbeit gibt uns unser tägliches Brot, sie sichert unser materielles und für viele sogar ihr existenzielles Überleben: Sie gibt Status, Bedeutung oder vielleicht sogar Sinn. Viele Menschen, insbesondere in unserer marktwirtschaftlichen Gesellschaft, werden über ihre Arbeit definiert. Nicht zufällig fällt Schmidt im Film nach der Pensionierung in eine Sinnkrise und fühlt sich völlig nutzlos. Natürlich ist das Bild von Schmidt im Film überzeichnet, es vermittelt aber auch eine tiefe Wahrheit: Wir sind besonders empfindlich, wenn es um die

Konstruktion der Hypothesen und Grundlagen unserer Arbeitswelt geht. Diese Konstruktion sieht im Allgemeinen vor, dass das, was wir machen, richtig und wichtig für die Gesellschaft ist. Und dass die Art, wie wir es machen, die einzig mögliche ist. Selbst der im Prozessmodell gefangene «Corporate Worker» wird seine Welt vielleicht irgendwann so konstruieren, dass sein kleines Prozessschrittchen genau das entscheidende ist – und dass es so und nicht anders sein muss.

Dieser Abwehrmechanismus ist keine Schande – selbst ein so hochdifferenzierter und technikaffiner Mensch wie Christoph Keese (siehe Seite 37), der sich zudem auch als Autor mit solchen Veränderungsprozessen auseinandersetzt, muss sich eingestehen, dass er die Gefahr durch Blogger ausgeblendet hat: Einfach weil der Blogger in seiner Konstruktion der Wirklichkeit keinen Platz hatte und er es als narzisstische Kränkung angesehen hat, dass sein für das Funktionieren der Demokratie unerlässlicher Beruf des Journalisten durch etwas anderes ersetzt werden könnte.

Diese Haltung ist und war schon immer gefährlich. Ein Schriftsetzer, der es als selbstverständlich nahm, dass der Bleisatz bis ans Ende seines Lebens Bestand haben würde, sah sich in den 1970er und 1980er Jahren durch das Aufkommen des Fotosatzes überrascht. Aber auch der Fotosetzer überlebte nicht lange – in den 1990er Jahren kam das «Publizieren vom Schreibtisch aus» (Desktop-Publishing) auf, der Beruf des Fotosetzers verschwand in der Folge.

Der Wandel kommt heute brutal schnell – und kann sehr viel radikaler sein als der – aus heutiger Sicht – relativ «humane» Wandel vom Schriftsetzer zum Desktop-Publisher. Die erste Frage, die sich ein echter Gamebreaker deshalb stellen sollte, ist: Wie gefährdet bin ich eigentlich? Bei der Selbstanalyse ist zu bedenken, dass die Konstruktion unserer persönlichen Arbeitswelt und unserer Rolle keine absolute Wahrheit ist – sondern eben nur eine Konstruktion. Für einen Gamebreaker ist deshalb entscheidend, dass er die Gefährdung seiner Branche und seiner Tätigkeit innerhalb dieser Branche erkennt und darauf vorbereitet ist.

Gamebreaker-Training

 Gamebreaker-Fragen

- Wie hoch ist die Veränderungsgeschwindigkeit in meiner Branche?
- Wie sicher ist meine Branche grundsätzlich?
- Welche «phantastischen» Szenarien kann ich mir vorstellen, die Grundsätzliches in meiner Branche verändern?
- Wie sicher ist mein Job – trägt er sehr Wesentliches zum Erfolg des Unternehmens bei?
- Könnte der Job auch anderswo gemacht werden?
- Könnte meine Tätigkeit automatisiert werden?
- Habe ich in letzter Zeit etwas gelesen, das darauf hindeutet, dass sich etwas fundamental ändert in meiner Branche oder mit meiner Tätigkeit?
- Wie stark wächst das Unternehmen in meinem Bereich?
- Ist mein Lohn der Aufgabe angemessen – oder ist er zu hoch (was den Automatisierungsdruck des Unternehmens erhöht)?
- Wie hoch ist meine persönliche Veränderungsgeschwindigkeit?
- Lehne ich Neuerungen eher ab oder begrüße ich sie?
- Wann habe ich das letzte Mal etwas völlig Neues vorgeschlagen?
- Wann habe ich das letzte Mal etwas völlig anderes gemacht?

Gamebreaker-Übung: Wie groß ist mein Disruptionsrisiko?

Die Disruptionsdiagramm (siehe Abbildung 5) hilft, das persönliche Disruptionsrisiko zu eruieren. Dabei ist der Disruptionsgrad der Branche in Betracht zu ziehen, in der man tätig ist.

Ein Taxifahrer beispielsweise wird sich sagen müssen, dass der Disruptionsgrad beziehungsweise die Veränderungsgeschwindigkeit in seiner Branche sehr hoch ist – selbstfahrende Autos oder gar Fluggeräte werden die Branche stark verändern. Auch seine eigene Tätigkeit ist von einer hohen Veränderungsgeschwindigkeit betroffen: Möglicherweise werden selbstfahrende Taxis oder Autobusse in einer Übergangsphase noch mit einen Fahrer verkehren, doch das dürfte sich in absehbarer Zukunft ändern. Der Taxifahrer wird sich also selbst im rechten oberen Quadranten verorten müssen. Er sollte sich überlegen, sowohl die Branche als auch die Tätigkeit zu wechseln, da selbstfahrende Vehikel unter, auf und über der Erde wohl stark zunehmen werden. Selbst wenn sich das Unternehmen, in dem

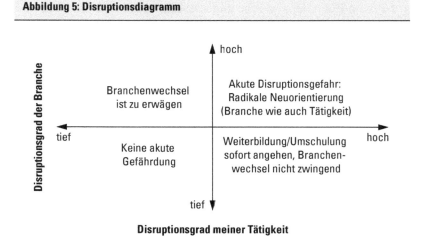

Abbildung 5: Disruptionsdiagramm

er beschäftigt ist, sehr schnell anpasst und zu den Überlebenden der Branche gehören wird, sind seine Chancen relativ gering einzuschätzen, falls er sich nicht neuorientiert.

Etwas anders präsentiert sich die Lage für den Automechaniker im selben Betrieb. Auch er wird zur Kenntnis nehmen müssen, dass er in einer Branche ist, die sich stark verändert und von Disruption betroffen ist, aber seine Tätigkeit wird sich nicht so grundlegend verändern. Denn auch selbstfahrende Autos oder Drohnen müssen gewartet und repariert werden. Er ist im linken oberen Quadranten: Ein Branchenwechsel kann, muss aber nicht zwingend erfolgen. Entscheidend ist hier die Analyse des Unternehmens, in dem der Mechaniker beschäftigt ist: Wird dieses Unternehmen zu den Überlebenden gehören – oder eher nicht? Je nachdem kann der Mechaniker entscheiden, in ein innovativeres Konkurrenzunternehmen zu wechseln oder gar sein Glück in einer ganz anderen Branche zu versuchen.

Ein Beispiel für den linken unteren Quadranten sind Psychotherapeuten: Die Branche wird auch in Zukunft kaum von allzu hoher Disruption bedroht sein, und die Veränderungsgeschwindigkeit der Tätigkeit ist nicht überdurchschnittlich hoch.

Etwas anders könnte es aussehen für das Sekretariat einer psychotherapeutischen Gemeinschaftspraxis, das sich der Digitalisierung bis anhin verschlossen hat. Deren Mitarbeitende müssen sich im rechten unteren Quadranten sehen: Zwar sind sie in einer Branche, die sich eigentlich nicht sehr stark verändert, aber digitale Hilfsmittel werden es immer mehr erlauben, Terminvereinbarung, Buchhaltung und andere Tätigkeiten zu automatisieren. Die entsprechenden Mitarbeitenden müssen sich darauf einstellen und durch Weiterbildung dafür sorgen, dass sie dieser Aufgabe gewachsen sind. Das kann zu sehr weitgehenden Veränderungen führen: Für Gamebreaker besteht eine Option darin, ein eigenes Unternehmen zu gründen, das hoch automatisierte, branchenspezifische Sekretariatsdienstleistungen für Psychotherapeuten anbietet.

Schritt 2: **Die Vision**
Wie kann ich die Welt auf den Kopf stellen?

Stellen Sie sich vor, Sie wären der im vorherigen Abschnitt beschriebene Aktuar Schmidt, der für eine Lebensversicherungsgesellschaft arbeitet, die ein herrschaftliches Gebäude mit Sicht auf den Zürichsee und eine hochbezahlte «Teppichetage» hat. Als Aktuar arbeiten Sie mit mathematischen Modellen, die für die Produktentwicklung wichtig sind. Das beschäftigt Sie äußerst intensiv – normalerweise sind Sie so tief in ihren mathematischen Formeln begraben (die nur Sie verstehen!), dass Sie manchmal vergessen, zum Mittagessen zu gehen. Momentan sind Sie damit beschäftigt, ein Produkt zu entwickeln, welches die Kunden gegen eine Folge der Langlebigkeit versichert: nämlich das Risiko, dass die eigenen Ersparnisse nicht bis ans Lebensende ausreichen. Ein «heißes» Thema, das auch viele Pensionskassen beschäftigt. Heute ist ein spezieller Tag: Sie haben mittlerweile bis auf die vierte Stelle nach dem Komma ausgerechnet, wie viel Prämie ihr Unternehmen von den Kunden verlangen muss, damit die Rechnung aufgeht – für das Unternehmen, versteht sich. Und Sie sind bereit, die Ergebnisse der Geschäftsleitung zu präsentieren.

Da fällt Ihnen auf, dass Sie das Mittagessen schon wieder vergessen haben. Die Kantine ist mittlerweile geschlossen, also verlassen Sie das Gebäude, um etwas Essbares zu suchen. Da passiert das, was vor über dreihundert Jahren Isaac Newton passiert ist: Es fällt Ihnen etwas auf den Kopf. Allerdings kein Apfel, sondern ein kleiner Stein, den der Wind vom Dach geweht hat. Sie entwickeln in der Folge nicht das Gravitationsgesetz (das hat Newton schon getan!), sondern Sie stellen die Welt auf den Kopf, indem Sie sich *nicht* fragen: Was will eigentlich das Unternehmen von mir (nämlich die kommagenaue Berechnung der Prämien). Sondern: Wie könnte dasselbe Ziel (nämlich die Sicherung des finanziellen Auskommens bei Langlebigkeit) auch noch ganz anders erreicht werden? Sie machen damit etwas ganz Entscheidendes: Sie beschränken sich nicht mehr

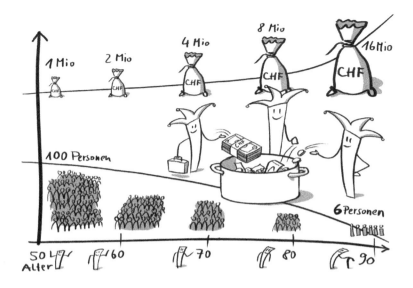

auf den vom Unternehmen vorgesehenen Prozessschritt (die Berechnung der Versicherungsprämie bis auf die vierte Stelle nach dem Komma), sondern Sie sind bereit, eine völlig neue Lösung für das Kundenbedürfnis zu suchen – Sie stellen die Welt auf den Kopf. Sie überlegen sich, wie dasselbe Ziel mit möglichst kleinem Aufwand und geringen Kosten zu erreichen wäre.

Und das geht wie folgt: Nehmen wir an, es finden sich hundert Fünfzigjährige, die bereit sind, je 10 000 Franken auf ein eigens dafür eingerichtetes Bankkonto zu überweisen. Vierzig Jahre später leben statistisch gesehen nur noch sechs der ursprünglich hundert Beteiligten. Und diesen Personen geht langsam das Geld aus. Der Pot kann dann verteilt werden: Jeder erhält etwas mehr als 2,6 Millionen Franken. Denn natürlich würde die ursprüngliche Summe von einer Million Franken nicht einfach liegen gelassen, sondern würde zum Beispiel in einen Exchange Traded Fund (ETF) investiert, der den Swiss Leaders Index abbildet. Dieser wird sich voraussichtlich alle zehn Jahre verdoppeln, sodass aus der ursprünglichen Million in vierzig Jahren 16 Millionen erreicht werden können. Das Ganze wäre sehr einfach und vor allem völlig transparent zu organisieren, etwa mittels eines Trusts nach angelsächsischem Recht, das mit der Schweizer Gesetzgebung nicht in Konflikt stehen darf und minimale Kosten verursacht. Vielleicht wäre eine zukünftige Implementierung mittels Blockchain, die das Vertragsverhältnis untereinander regelt und die Auszahlung automatisiert, sogar noch etwas einfacher, direkter und billiger.

Nach dem aufrüttelnden Steinschlag hat der Aktuar Schmidt die Welt – seine Welt! – *auf den Kopf gestellt.* Lebensversicherungen werden von Lebensversicherern ausgestellt – das ist eine von uns allen geteilte «absolute» Wahrheit. Nur dass das ganz und gar keine Wahrheit ist, was schon der Microsoft-Gründer Bill Gates 1994 erkannt hat: «Banking is necessary, banks are not.» Dasselbe gilt für Lebensversicherer – und für vieles andere. Überall dort, wo das Kundenbedürfnis nicht effizient und effektiv erfüllt wird, ist Disruption möglich.

Dieses «Die-Welt-auf-den-Kopf-Stellen» fällt den meisten von uns schwer, vor allem, wenn es unser eigenes Unternehmen beziehungsweise unsere eigene Tätigkeit im Unternehmen betrifft. Aus einem ganz einfachen Grund: Das neue Geschäftsmodell ist so einfach, dass es die Tätigkeit von Schmidt gar nicht mehr braucht: Das Kundenbedürfnis wird befriedigt ohne die komplexen mathematischen Modelle, in die Schmidt so verliebt war. Auf den Punkt gebracht: Das neue Geschäftsmodell befriedigt zwar das Kundenbedürfnis besser – eliminiert aber auch die Arbeitsstelle von Schmidt. Oder, je nach Perspektive: Es eröffnet eine neue – denn Schmidt könnte sich dafür entscheiden, im neuen Geschäftsmodell eine Rolle zu übernehmen.

Doch selbst wenn wir diese Übung mit einem «neutralen» Beispiel machen, bei dem wir nicht direkt betroffen sind, fällt es schwer, die Welt so auf den Kopf zu stellen und damit den entscheidenden Schritt Richtung Gamebreaker zu machen. Warum ist das so? Die Arbeit der wohl wichtigsten, aber zu Unrecht in Vergessenheit geratenen Schweizer Philosophin Jeanne Hersch verrät es uns.

| Aus der Praxis | Toronto: Die Gamebreaker-City |

Nicht nur Unternehmen stehen im Wettbewerb, sondern auch Städte. Unter dem Schlagwort «Smart Cities» wetteifern sie gegenseitig um den Titel der Allersmartesten. Das Problem dabei: Die Städte sind über Jahrzehnte oder gar Jahrhunderte gewachsen – die «smarte» Infrastruktur muss nun quasi darübergestülpt werden, was nicht ganz einfach ist.

Die kanadische Stadt Toronto geht aber gerade den umgekehrten Weg: Im Projekt Quayside – einem Stadtteil von Toronto – kommen die neusten digitalen Technologien zum Einsatz und darauf aufbauend wird dieser Stadtteil gebaut. Das Ganze ist strikt datengesteuert: Sensoren erheben einfach alles, was es zu erheben gibt: Von der Luftqualität über Lärmimmissionen bis zu den Aktivitäten der Bewohner – alles wird erfasst und ausgewertet, was zwar einerseits Voraussetzung für die Optimierung ist, andererseits aber auch zu etwelchen Bedenken bei den Bewohnern Anlass gegeben hat. Dafür wird den Bewohnern hoher Komfort bei sehr viel Umweltverträglichkeit geboten: Roboter verkehren unterirdisch und liefern Briefe und Pakete aus; selbstfahrende Elektroautos befördern die Menschen; Heizung, Strom und Abfallbeseitigung sind nach ökologischen Gesichtspunkten optimiert.

Das ganze Projekt wird von der Google-Tochter Sidewalk Labs geführt, welche die Infrastruktur so offen halten will wie beim Google-Betriebssystem Android, das in vielen unserer Mobiltelefone im Einsatz ist: So selbstverständlich, wie jedermann Apps für Android entwickeln oder herunterladen kann, soll auch die IT-Infrastruktur des Quayside-Projekts offen sein für neue Applikationen, die von Drittfirmen entwickelt werden. Das ist für Städte ein ziemlich revolutionärer Ansatz. Der betroffene Stadtteil ist dann nicht nur smart, er kann auch organisch wachsen – nach Massgabe zukünftiger Erfordernisse.

In ihrer Aufsatzsammlung «Die Unfähigkeit, Freiheit zu ertragen» konstatiert sie, dass dem Menschen zwar existenziell die Möglichkeit gegeben sei, frei im Denken, Handeln und Lassen zu sein, dass es aber vielen Menschen offensichtlich Mühe mache, diese Freiheit auch wirklich wahrzunehmen und konsequent danach zu leben.[53] Denn es ist sehr viel bequemer, sich auf irgendwelche Ideologien oder Dogmen zu verlassen und ihnen blind nachzuleben. Oder im Sinne des in Schritt 1 Gelernten (siehe Seite 98 ff.): Wir müssen uns bewusst sein, dass unser Bild der Wirklichkeit eine Konstruktion ist – und dass Ideologien und Dogmen nur eine scheinbare Hilfe sind, um zu einem klareren Bild der Wirklichkeit zu gelangen.

Die freidenkerische Haltung gegenüber der Welt ist nicht etwas, das man entweder hat oder nicht hat – auch wenn es einige von ihrem Charakter her gesehen etwas mehr haben als andere. Man muss sich bewusst für diese Geisteshaltung entscheiden, sie ausüben und die Konsequenzen nicht scheuen. Oft ist es auch verbunden mit einer bestimmten Situation. Das lässt sich mit dem Lebenszyklus eines Mitarbeitenden in einem Unternehmen leicht belegen. In den ersten paar Wochen in einem neuen Unternehmen staunt man oft wie ein kleines Kind über die Art und Weise, wie das Unternehmen tickt und welche Spielregeln bestehen: Wie man miteinander umgeht, welche formellen und informellen Regeln gelten und was die absoluten No-Gos sind. Während man einiges versteht und akzeptiert, scheint anderes umständlich oder gar unverständlich und sinnlos. Man hätte viele Ideen, wie man einige Dinge effizienter und effektiver machen könnte, und wenn man ganz mutig ist, schlägt man ein paar Dinge vor. Aber irgendwann, und vielleicht nach einigen schüchternen Einwänden, die abgeschmettert wurden, beginnt man, die Ideologien und Dogmen zu verinnerlichen. Man passt sich an, um nicht vom System wieder ausgespuckt zu werden. Jahrzehnte später ist man immer noch angepasst – meistens aber mit einer zynischen Distanz und Abgebrühtheit, weil man in vielen kleinen Reibereien oder gar Auseinandersetzungen mit dem System die Erfahrung gemacht hat, dass viele Ideologien und Dogmen eher nutzlos und erfolgsverhindernd sind – dass man aber nichts daran ändern kann oder nur mit einem sehr hohen Aufwand und Risiko.

Es gibt durchaus Personalverantwortliche, die den unverstellten, «visionären» Blick von Neuankömmlingen im Prinzip schätzen oder gar zu kritischen Rückmeldungen auffordern, bevor der Neue «betriebsblind» wird. Doch der normale Verlauf gleicht eher einem Strohfeuer: Man wundert sich über einige Dinge, lässt sich dann aber nach einigen erfolglosen Interventionen davon überzeugen, dass es «halt schon richtig ist, so wie es ist». Oder aber: Dass man schon recht hat mit seinem Einwand, dass es aber so außerordentlich schwierig sei, daran etwas zu ändern, dass man es auch lieber gerade sein lassen könne. «Choose your battles» («Wähle deine Schlachten aus») ist eines der vielen geflügelten Worte, das in Corporate America verwendet wird. Und natürlich ist bei der Verwendung im ganz überwiegenden Fall damit gemeint: «Don't choose this battle!» Denn erstens sind alle Mitarbeitenden im Allgemeinen vom Job und der Bürokratie so überlastet, dass wenig Energie übrigbleibt. Und zweitens kann man Schlachten auch verlieren – was abträglich für Ansehen und Status sein könnte und im allerschlimmsten Fall mit Jobverlust enden könnte.

Die Gründe für das Verglimmen des Strohfeuers sind indes tief liegend, und es ist für jeden Gamebreaker entscheidend, dass er sich dies vor Augen führt. In einem bereits legendären Versuch der Verhaltensforschung soll eine Versuchsperson gemeinsam mit anderen Teilnehmern in mehreren Durchgängen jeweils die Länge einer Referenzlinie mit der Länge von drei unterschiedlich langen Linien vergleichen und bestimmen, welche der Vergleichslinien der Länge der Referenzlinie entspricht. Die übrigen Teilnehmer sind (was die Versuchsperson nicht weiß) eingeweiht und sind angewiesen, jeweils die offensichtlich gleich lange Vergleichslinie herauszupicken. Wenig überraschend schließt sich jeweils die Versuchsperson in den allermeisten Durchgängen der richtigen Wahl an. Interessant wird es erst, wenn die eingeweihten Teilnehmer in der Experimentalgruppe angewiesen werden, jeweils eine offensichtlich nicht gleich lange Vergleichslinie herauszupicken. Und siehe da: In 37% der Fälle wählt die Versuchsperson ebenfalls die offensichtlich falsche Variante. Denn der Konformitätsdruck ist so groß, dass die Wahrnehmung verstellt wird – oder dass die eigene Wahrnehmung verleugnet wird, nur um als Teil der Gruppe akzeptiert zu werden und nicht aus der Rolle zu fallen.[54] In den siebziger Jahren wurde die Forschung von der Publizistikprofessorin Elisabeth Noelle-Neumann im Hinblick auf den Einfluss der Massenpublizistik untersucht: Die Bereitschaft, sich öffentlich zu einer bestimmten Meinung zu bekennen, hänge sehr weitgehend vom wahrgenommenen Meinungsklima ab. Sie spricht in diesem Zusammenhang von einer Schweigespirale.[55]

Um ein Gamebreaker zu sein, muss man sich dieser Zusammenhänge bewusst sein. Ein Gamebreaker muss bereit sein, die «Schweigespirale» zu durchbrechen und auch von der Gruppenmeinung Abweichendes zu äußern. Das ist insbesondere in Unternehmen mit einer rigiden, auf unkritische Prozesserfüllung fixierten Erwartung besonders schwierig. Aber es ist ein notwendiger und willentlicher Entscheid, um ein Gamebreaker zu sein. Das braucht emotionale und intellektuelle Energie, denn es ist sehr viel einfacher, sich der im Unternehmen vorherrschenden Gruppenmeinung anzuschließen und mit dem Strom zu schwimmen. Ein echter Gamebreaker ist aber ein Freidenker im Hersch'schen Sinne und nimmt seine Freiheit, zu einer eigenen Meinung zu kommen, immer und überall wahr. Und spricht das auch aus!

Gamebreaker-Training

 Gamebreaker-Fragen

- Welche «objektiven» Wahrheiten gelten in meinem Unternehmen?
- Gibt es Dogmen und Ideologien im Unternehmen, die ich kritiklos übernommen habe?
- Übernehme ich selbst schnell die Regeln, Verhaltensweisen und die ganze Unternehmenskultur («Das gilt hier») oder bewahre ich mir das Staunen, die Neugier und die kritische Distanz?
- In welchen drei Dingen stimme ich nicht mit den im Unternehmen geltenden Dogmen und Verhaltensweisen überein?
- Wie fühle ich mich, wenn mir gesagt wird, was ich zu tun habe?
- Bin ich bereit, bis anhin sicher Geglaubtes in Frage zu stellen – und was macht das mit mir?
- Bin ich bereit, mich auch gegen den Strom zu stellen und als «Querdenker» – oder sogar als Querulant – zu gelten?
- Wann habe ich das letzte Mal gestaunt über ein neues Marktangebot einer anderen Firma? Was genau war das Erstaunliche daran?
- Welche Unternehmen sollten sich durch das neue Marktangebot bedroht fühlen?
- Könnte ich mir vorstellen, dass dies mit meinem eigenen Unternehmen auch passiert?
- Habe ich schon von Mitbewerbern gehört, die ihre Kunden innovativer betreuen?
- Wenn ich CEO des eigenen Unternehmens wäre: Was würde ich tun?
- Wenn ich CEO des eigenen Unternehmens wäre und dieselbe Marktleistung mit der Hälfte der Ressourcen (Mitarbeitende, Geld) erbringen müsste: Wie würde ich es angehen?

- Wenn ich eben vom Mond auf der Erde gelandet wäre: Wie würde ich mein Unternehmen und meine Tätigkeit in diesem Unternehmen einschätzen?
- Wenn ich ein Kind wäre und in einem Satz erklären müsste, was mein Unternehmen macht: Wie lautet dieser Satz?
- Wie lautete dieser Satz zu meiner eigenen Tätigkeit?

 Gamebreaker-Übung 1: Stellenantritts-Tagebuch

Schreib auf, was du bei einem Stellenantritt für ungewöhnlich, überraschend, nicht zielführend erachtest. Versuch zu formulieren, wie es besser gemacht werden könnte. Kommuniziere das deinem Vorgesetzten und halte seine Reaktion fest. Schau das Ganze nach sechs Monaten wieder an und frag dich: Habe ich mich damals geirrt? Oder stimmen meine Einwände noch immer? Wenn die Einwände noch immer stimmen: Was kann ich tun, um die Situation zu verbessern? Und wie hat eigentlich das Unternehmen auf meine Vorschläge reagiert? Fühle ich mich mit der Reaktion des Unternehmens gut – gibt sie mir das Vertrauen, dass das Unternehmen den Herausforderungen des Marktes gewachsen ist?

 Gamebreaker-Übung 2: Unknown Unknowns aufspüren

Versetz dich zehn Jahre in die Zukunft und stell dir dein Unternehmen und deine Tätigkeit innerhalb des Unternehmens vor. Lass deiner Phantasie freien Lauf: Wie würde das Unternehmen seine Kunden betreuen? Ist es wahrscheinlich, dass völlig neue Formen der Kundenbefriedigung gefunden wurden? Wie könnten die aussehen? Und welche Rolle hättest du in diesen neuen Konzepten? Ist es denkbar, dass diese Zukunft schon sehr viel schneller Realität wird?

Schritt 3: **Die radikale Kundenperspektive**
Was will der Kunde eigentlich?

Unternehmen scheitern nicht, weil sie zu groß sind. Oder weil sie die «falsche» Organisationsstruktur haben. Oder weil sie eine unfähige Geschäftsleitung haben. Unternehmen verpassen es, auf der Digitalisierungswelle erfolgreich zu surfen, und scheitern in der Folge, weil sie die Bedürfnisse ihrer Kunden nicht wirklich erkennen – oder diese Bedürfnisse auf eine aufwendige, umständliche und oft teure Art und Weise erfüllen und die Möglichkeiten der digitalen Transformation nicht nutzen. Genau in diesen Punkten setzt die Disruption durch kleinere Unternehmen an.

Zwar verschwinden große Unternehmen nicht einfach plötzlich – genauso wenig, wie ein Schwungrad aufhört zu drehen, wenn es nicht mehr angetrieben wird. Bestehende, langjährige Kundenbeziehungen, langfristige Verträge oder das besonders in der IT beliebte «Lock-in» der Kunden in der eigenen, proprietären Technologie mit hohen Migrationskosten verhindern, dass das betreffende Unternehmen die Segel streichen muss. Aber Unternehmen, die an den Bedürfnissen ihrer Kunden vorbei agieren, steigen langsam ab – bis sie übernommen werden oder verschwinden. Jeder von uns kennt solche Unternehmen und bei vielen Unternehmen, die wir kennen, können wir gefühlsmäßig sagen, ob sie auf dem auf- oder absteigenden Ast sind. Wir spüren oft instinktiv, ob ein Unternehmen seine Kunden optimal bedient – oder eben nicht – und könnten solche Unternehmen aus dem Stegreif aufzählen. Es gibt zum Beispiel Unternehmen, die ihre Kunden richtiggehend verzücken. Zu diesen «Firms of Endearment»[56] haben Kunden gemäß den Autoren Rajendra S. Sisodia, Jagdish Sheth und David B. Wolfe ein schon fast «zärtliches» Verhältnis und die Markentreue ist fast unbegrenzt. Als Beispiele werden Costco, Whole Foods oder BMW genannt. Aus Sicht des Unternehmens ist es ein unschätzbarer Vorteil, zu einem solchen «Love Brand» zu werden.

Der Aktuar Schmidt hat in unserem Beispiel nicht nur die Welt auf den Kopf gestellt mit seinem neuen Ansatz, sondern er hat ganz konsequent das Kundeninteresse zum Ausgangspunkt gemacht. Seine Idee ist so kundennah, dass er mit ihr die Chance hat, eine «Firm of Endearment» zu werden: Kunden wollen eine transparente, kostengünstige Methode, die ihnen ein finanzielles Auskommen im Falle der Langlebigkeit sichert. Genau dieselbe radikale Ausrichtung auf das Kundenbedürfnis hatte auch Gottlieb Duttweiler (siehe Seite 21) und das war Ausgangspunkt für den kometenhaften Aufstieg von Migros: Kunden wollen preisgünstige Produkte möglichst bequem erwerben.

Das ist eigentlich ganz einfach. Aber es ist erstaunlich, wie viele Unternehmen diese einfache Tatsache vergessen. Je größer die Unzufriedenheit, desto größer das Potenzial für disruptives Gamebreaking und desto größer und schneller der Effekt, der mit erfolgreichem Gamebreaking erzielt werden kann. Wenn es gelingt, dem Kunden zu geben, wovon er gar nicht gewusst hat, dass er es überhaupt will, und das in einer Art und Weise, die der Kunde nie für möglich gehalten hat: Das ist Gamebreaking, das zum Erfolg führt. Genau das machen sich Start-ups oft zunutze und greifen damit erfolgreiche Branchenleader an. Diese sind durch viele Jahre des Erfolges träge geworden. Sie sind bisweilen derart selbstsicher, dass sie die Kundenzufriedenheit sträflich vernachlässigen. Kundeninputs und -beschwerden werden nicht genutzt, um die unternehmerischen Kernprozesse und Produkte im Sinne der Kundenwünsche zu modifizieren. Diese Unternehmen streben in der Regel so viel Kundenzufriedenheit an, wie gerade nötig ist, damit der Kunde nicht zur Konkurrenz abwandert: Ich muss nicht schneller laufen als der Löwe – sondern nur schneller als du! Doch diese selbstgefällige Haltung ist nicht nur in der Wüste gefährlich: Ein neuer Angreifer kann aus dem Nichts kommen und den Kunden mit einem disruptiven Ansatz verblüffen und entzücken. Meist ist es dann zu spät.

Gamebreaker entwickeln im eigenen Unternehmen ein feines Sensorium für Kundenleiden. Meist ist es relativ einfach, Verbesserungspotenzial zu erkennen, häufig auf der Stufe Effizienz-Innovation oder inkrementelle Innovation. Es gelingt Gamebreakern sehr oft, hier mit relativ kleinen Eingriffen eine deutliche Verbesserung für den Kunden zu erreichen. Sehr viel schwieriger ist es, Kundenunzufriedenheit mit einem völlig neuen Ansatz zu begegnen, der den Kunden begeistert.

Das ist nicht zuletzt auch deshalb nicht einfach, weil die Kunden oft gar nicht in der Lage sind, zu artikulieren, was sie eigentlich wollen. Wenn eine Fluggesellschaft ihre Kunden befragt, was zu verbessern wäre, damit sie zufriedener wären, dann wird man mit an Sicherheit grenzender Wahrscheinlichkeit Antworten hören wie: Mehr Beinfreiheit beim Sitzen. Kostengünstigere Tickets. Besseres und mehr Essen. Kostenloser Alkohol.

Das sind alles Dinge, die mit Effizienz-Innovation und inkrementeller Innovation zu verbessern sind und zu denen jeder Gamebreaker etwas beitragen kann. In Wirklichkeit wünscht sich der Fluggast aber etwas ganz anderes: Nämlich jetzt und sofort von Punkt A zu Punkt B zu kommen, und dies ohne die mühsame Eincheck-Prozedur, das stundenlange Ausharren in einer stinkigen und engen Aluminiumröhre, das bisweilen stundenlange Warten an der Zollkontrolle: All das sind Dinge, die wohl kein einziger Reisender wirklich will. Könnte die Fluggesellschaft die Reise von Punkt A zu Punkt B garantieren ohne diese mühsamen Nebenerscheinungen, dann wären wohl sehr viele Kunden bereit, dafür viel Geld auszugeben. Genau an dieser Stelle setzt disruptives Gamebreaking an: Man gibt dem Kunden das, von dem er noch gar nicht gewusst hat (oder nicht artikulieren konnte), dass er diese Leistung eigentlich will oder dass diese Leistung überhaupt angeboten werden kann.

Ist dieser radikale Kundenwunsch heute zu erfüllen? Nein. Aber beim Gamebreaker, der den eigentlichen Kundenwunsch erfolgreich geortet hat, beginnt ein sehr wertvoller Denkprozess. Zunächst informiert er sich über die Teleportation, die uns aus Star Trek bekannt ist. Er wird feststellen, dass 2017 chinesische Forscher zum ersten Mal ein Objekt in den Weltraum teleportiert haben.[57] Vielleicht ist die Vision des «Beam me up, Scotty» doch nicht so weit weg wie gedacht und lohnt sich im Hinterkopf zu behalten. Der disruptive Gamebreaker macht sich eine mentale Notiz dazu.

Der Denkprozess aus der radikalen Fokussierung auf das Kundenbedürfnis führt ihn aber noch weiter: Viele Kunden denken möglicherweise nur, dass sie von A nach B müssen. Aber vielleicht wäre das gar nicht nötig, wenn es vernünftige Substitutionsangebote gäbe. In virtuellen Sitzungsräumen, die nach den neusten Erkenntnissen der Wissenschaft gebaut wurden, erleben die Teilnehmer die Sitzung so realistisch, wie wenn sie sich tatsächlich gegenübersitzen würden – das Reisen von A nach B für Geschäftsreisende ist damit überflüssig.

Noch einen Schritt weiter geht die Holografie, mit der sich dreidimensionale Bilder im freien Raum abbilden lassen. Spektakulär war zum Beispiel der Einsatz dieser Technik bei den französischen Wahlen von 2017: Mit stehenden Ovationen begrüßten Anhänger der französischen Linken den parteiunabhängigen Präsidentschaftskandidaten Jean-Luc Mélenchon, als er im Februar 2017 auf einer Veranstaltung in Paris erschien. Das ist eigentlich nicht ungewöhnlich, nur: Das Wahlvolk applaudierte keiner realen Person. Denn Mélenchon befand sich zu der Zeit im fast fünfhundert Kilometer entfernten Lyon. Von dort übertrug man seine Rede nach Paris – als Hologramm, wie zahlreiche Medien berichteten. Die mühsame Reise mit dem Flugzeug entfällt dann.

Auch für die vielen Ferienreisenden wird es in Zukunft möglicherweise Alternativen geben: Der virtuell Reisende erfährt Ferienerlebnisse nach Maß – ohne stundenlange Flugreisen und garantiert ohne Jetlag und Durchfall wegen dem ungewohnten Essen. Das klingt vielleicht futuristisch – der recherchierende Gamebreaker wird aber feststellen, dass das ganz und gar nicht mehr so weit weg

Die digitale Transformation lässt die Grenzen zwischen Realität und virtueller Realität zunehmend verschwimmen. In der «augmented reality» wird die Realität um virtuelle Elemente «erweitert». Das Unternehmen Microsoft hat dafür unter der Bezeichnung Hololens eine hochauflösende, stereoskopische 3D-Brille mit integrierten Sensoren, Lautsprechern und Recheneinheit auf den Markt gebracht. Das Potenzial für solche interaktive 3D-Projektionen ist in allen Bereichen unseres beruflichen und privaten Lebens gigantisch, ebenso wie das disruptive Potenzial.

Der Schweizer Industriekonzern Bühler etwa setzt Augmented Reality erfolgreich ein. Bühler stellt unter anderem Walzmaschinen her, die sich dank Hololens auf einfachste Art und Weise und verblüffend «lebensecht» virtuell darstellen lassen. Diese virtuellen Objekte können nun wie im richtigen Leben interaktiv erkundet und gesteuert werden: Der Hololens-Träger umrundet das virtuelle Gebilde und zoomt dort hinein, wo ihn etwas interessiert. Das hat enorme Vorteile, beispielsweise in der Aus- und Fortbildung. Virtuelle Objekte haben aber auch in der Forschung und Weiterentwicklung der Maschinen ihren festen Platz. Schließlich können sie den interessierten Kunden auch an Ausstellungen mit wenig Aufwand und viel Verblüffungseffekt demonstriert werden. Eine Walzmaschine von Bühler, dargestellt und erlebt in der virtuellen Realität – das ist ein echter Gamebreaker-Vorteil.

Entwickelt wurde die Lösung von Netcetera, einem führenden Schweizer Softwareunternehmen, das Lösungen in diesem Bereich bereits in den verschiedensten Branchen entwickelt hat. Vom «Futures Cities Laboratory» der ETH Zürich und der Singapore National Research Foundation, von der SBB bis zum Universitätsspital Bern: Augmented-Reality-Lösungen sind erfolgreich im Einsatz.

Die Entwicklung steht dabei noch ganz am Anfang und die Erfahrung der virtuellen Realität wird sich in den nächsten Jahren mit Sicherheit noch deutlich verbessern: Forscher der ETHs von Zürich und Lausanne haben etwa den Handschuh DextrES entwickelt, der es erlaubt, virtuelle Objekte zu «berühren» und zu manipulieren, was ein äußerst realistisches haptisches Erlebnis im virtuellen Raum ermöglicht. Die Grenze zwischen den beiden Welten verschwimmt damit noch mehr.

---

ist. Es gibt bereits etliche Unternehmen, die daran arbeiten, Virtual Reality gewinnbringend in der Tourismusbranche zu etablieren. Sie setzen dabei auf virtuelle, interaktive Reisegeschichten: Das Thema Urlaub ist bekanntlich sehr stark mit Erlebnissen und Erinnerungen verbunden, weshalb Anbieter auf sogenanntes «hyperresponsives Storytelling» setzen. Statt die angepeilte Ferieninsel nur als stiller

Beobachter zu erleben und zu genießen, wird der Anwender plötzlich aktiv in ein Abenteuer verwickelt, das er sogar selbst beeinflussen kann. Die Interaktionsmöglichkeiten sind dabei nicht immer offensichtlich und fördern so die Experimentierfreudigkeit des virtuell Reisenden. Gemäß dem Hype-Zyklus des Marktforschungsinstituts Gartner werden solche Produktionen in den kommenden fünf bis zehn Jahren das sogenannte «Plateau der Produktivität» erreichen, also die letzte Phase des Zyklus, in welcher die Vorteile einer neuen Technologie allgemein anerkannt und akzeptiert werden. Das lässt den Gamebreaker aufhorchen.

So oder ähnlich wird der intellektuelle Gedankenprozess des disruptiven Gamebreakers aussehen. Der nächste logische Schritt ist die konkrete Umsetzung. Falls der Gamebreaker bei einer Fluggesellschaft arbeitet, könnte er beispielsweise auf die Gefahr sinkender Passagierzahlen oder neue Entwicklungen zu verpassen aufmerksam machen und vorschlagen, dass das Unternehmen prüft, in die entsprechende Branche zu investieren. Oder mit einem solchen Unternehmen zu kooperieren und die Marktleistung zu kombinieren mit dem eigenen Angebot: Beim Warten auf den Flug nach Hawaii könnte den Reisenden eine vorgängige virtuelle Reise ins Ferienparadies am Gate angeboten werden. Oder der Gamebreaker könnte schlicht und ergreifend versuchen, ein eigenes Unternehmen für virtuelle Touristik-Reisen zu gründen: So könnte er «sein» Spiel lancieren.

Was immer am Ende des Gedankenprozesses steht: Wichtig ist die Erkenntnis, dass neue disruptive Geschäftsideen dort entstehen, wo die Kundenfrustration am Größten ist. Genau dort setzt der Gamebreaker an, wobei er ganz radikal die Kundenperspektive einnimmt und sich auch nicht von sehr vielen «Das ist nicht möglich» oder schon gar nicht «Das haben wir schon immer so gemacht» abschrecken lässt. Der disruptive Gamebreaker erkennt diese Kundenfrustration und sucht nach Lösungen, um ihr mit einem völlig neuen Ansatz zu begegnen.

Gamebreaker-Training

Jeder von uns ist ein Kunde, und jeder von uns wird im Alltag als Kunde enttäuscht. Oft sind wir aber schon dermaßen abgestumpft, dass wir uns zwar kurz ärgern, aber diesen Ärger schnell verdrängen. Damit verlieren wir nicht nur die im Hinblick auf Gamebreaking wichtige Fähigkeit, Kundenfrustrationen bewusst zu erleben. Wir vergeben damit auch die Möglichkeit, neue Geschäftsideen und -modelle zu entwickeln, die diese Kundenfrustration beheben.

 Gamebreaker-Übung 1: Frustrationstagebuch

Zunächst machen Gamebreaker einen einfachen Selbsttest.

- In welchem Zusammenhang wurde ich im letzten Monat von einem Unternehmen besonders enttäuscht?
- Warum war ich besonders enttäuscht?
- Ist mein Fall einzigartig oder werden Kunden systematisch enttäuscht?
- Welches Potenzial für ein neues Gamebreaker-Geschäftsmodell besteht?

Der Selbsttest ist möglichst konkret und schriftlich niederzulegen. Zwei reale Beispiele der Autoren:

▶ **Fall 1: Wer hat hier ein Problem?**

Was ist geschehen? Am 13. November 2018 stehe ich am Check-in-Schalter der Thai Airways und will mich für meinen Codeshare-Flug der Swiss Airlines von Bangkok nach Zürich einchecken. Ich zeige meinen Pass und erwarte, dass alles seinen normalen Lauf nimmt. Doch das geschieht nicht – es gibt irgendein Problem, das mir die Mitarbeitenden am Check-in-Schalter aber nicht klarmachen können. Da es eigentlich um einen Flug der Lufthansa-Tochter Swiss geht, begebe ich mich zum Service-Schalter der Lufthansa. Ich erkläre das Problem und kriege die Antwort, dass ich leider nicht einchecken könne, da kein Flug gebucht sei. Kann nicht sein, entgegne ich, logge mich in meinen Account bei der Swiss ein und halte den verdutzten Lufthansa-Mitarbeitenden die Bestätigung der Swiss vor Augen: Flugnummer, Zeit, Datum – alles stimmt und ist so bestätigt: Irrtum des Kunden also ausgeschlossen. Nach langem Hin und Her und immer knapperer Zeit stellt sich dann heraus: Aus irgendwelchen Gründen hat es die Swiss versäumt, eine Bordkarte auszustellen. Genau das können die Mitarbeitenden am Servicedesk aber nicht machen. «Es ist nicht unser Problem», wird dem verdutzten Reisenden beschieden, «du musst das Servicecenter in Zürich anrufen.» Zähneknirschend und weil ich den Flug nicht verpassen will, tue ich das und schaffe es knapp auf den Flug.

Warum war ich enttäuscht? Die Haltung der Servicedesk-Mitarbeitenden hat mich zutiefst frustriert: Es ist uns zu mühsam, dir zu helfen – auch wenn der Fehler bei uns liegt. Hilf dir selbst!

Ist mein Fall einzigartig oder werden Flugreisende von den Fluggesellschaften systematisch im Stich gelassen? Eine erste Recherche bei verschiedenen Stellen[58] ergibt: Fluggesellschaften stehen unter enormem Kostendruck. Flüge haben oft Verspätung, werden ganz gestrichen und Fluggäste werden vom Personal und den Servicecentern oft regelrecht ignoriert. Der ganze Onboarding-Prozess ist für den Fluggast oft intransparent: Warum brauche ich eine Bordkarte, wenn der Flug in meinem persönlichen Swiss-Account korrekt aufgeführt wird?

Welches Potenzial für ein neues Gamebreaker-Geschäftsmodell besteht? Zwar gibt es schon einige Anlaufstellen, um zwischen Kunde und Fluggesellschaften zu vermitteln und enttäuschten Kunden zu ihrem Recht zu verhelfen. Aber vieles scheint eher unausgegoren und wenig überlegt. Hier besteht Potenzial!

Fall 2: Vorspiegelung falscher Tatsachen

Was ist geschehen? Ich hatte eine sogenannte HEV-Hypothek, die ich im Oktober 2018 erneuern will. HEV steht für Hauseigentümerverband, einer der größten und einflussreichsten Verbände der Schweiz. Der HEV bündelt die Hypothekaranträge seiner zahlreichen Mitglieder und kann, so zumindest die Theorie, dank Einkaufsmacht bessere Konditionen aushandeln. Ein Blick auf die entsprechende Webseite des HEV ergibt tatsächlich: 1,25 % für eine zehnjährige Festhypothek ist ein absolutes Top-Angebot. Also: Schnell zuschlagen, denn die Site sagt deutlich: «Es hat, solange es hat!» Auf die konkrete Anfrage wird mir aber mitgeteilt: Nicht 1,25 % betrage der Satz, sondern stolze 1,95 %, was weit über den gängigen Angeboten im Markt liegt. Denn der tiefe Satz gelte nur für Neukunden, was auch – irgendwo im Kleingedruckten – aufgeführt sei. Zähneknirschend entscheide ich mich, einen anderen Anbieter zu berücksichtigen: Ich akzeptiere ein Angebot von 1,35 %, das ich ohne großes Verhandeln und auch ohne Einkaufsmacht des HEV kriege.

Warum bin ich enttäuscht? Das HEV gaukelt mir mit dem Verweis auf seine Einkaufsmacht vor, dass ich bessere Hypothekar-Konditionen erhalte. Das Gegenteil ist der Fall: Der HEV und das mit dem HEV verbandelte Hypothekenzentrum (HZ) «melken» bestehende Kunden – denn Schweizer sind oft konservativ und bleiben beim bestehenden Anbieter (das gilt zum Beispiel auch für Krankenkassen oder Mobilfunkanbieter). Das Beispiel HEV ist so krass, dass es von den Medien aufgegriffen wird und in der «Schweiz am Wochenende» vom 27.10.2018 zu einem kritischen Artikel führt: «Günstige Hypotheken nur für neue Kunden: Angebot verärgert langjährige Mitglieder», titelt der Stellvertretende Chefredaktor Beat Schmid.

Ist mein Fall einzigartig oder werden Mitglieder vom HEV systematisch enttäuscht? Es ist davon auszugehen, dass die Vorspiegelung falscher Tatsachen in Bezug auf die Hypotheken durch das HEV/HZ kein Zufall ist. Davon zeugen auch die Recherchen des oben genannten Journalisten.

Welches Potenzial für ein neues Gamebreaker-Geschäftsmodell besteht? Es besteht zweifaches Potenzial: Einen alternativen Hauseigentümerverband gründen. Oder einen Verein zur echten Bündelung von Hypothekarbegehren gründen, der den Kunden wirklich (und nicht nur angeblich) bessere Konditionen bietet.

Gamebreaker-Übung 2: Selbst zum Kunden werden oder die Kundenperspektive einnehmen

Eine sehr einfache Übung, um Kundenfrustrationen bezüglich des eigenen Unternehmens auf die Spur zu kommen, besteht in der Übernahme der Kundenperspektive. Unter dem Begriff «Mystery Shopping» haben das einige Unternehmen – insbesondere im Retailbereich – schon institutionalisiert: Mystery-Shopper sind Testkäufer, die den Service der Angestellten während des ganzen Verkaufszyklus (inklusive Reklamationen) testen und bewerten. Solche Mystery-Shopper können zwar nützliche Hinweise geben, in bestimmtem Sinne sind sie aber auch Ausdruck davon, dass das Anliegen «Kundenzufriedenheit» gerne delegiert wird. Statt es einem Mystery-Shopper zu delegieren, könnte ein Geschäftsleiter auch direkt in den Mediamarkt gehen, sich einen Drucker kaufen und bei einer Beschwerde hautnah erleben, was passiert. Die Motivation, im eigenen Unternehmen etwas im Sinne der Kundenzufriedenheit zu verbessern, würde so sicherlich erhöht. Auf diese Weise können Gamebreaker – je nach Unternehmen mehr oder weniger einfach – den ganzen Kundenprozess analysieren.

 Gamebreaker-Übung 3: Das Problem umkehren: Maximale Kundenfrustration erzielen

Das Umkehren eines Problems bzw. der daraus resultierenden Fragestellung erzwingt einen Perspektivenwechsel, der wiederum hilfreich bei der Lösungsfindung sein kann. In unserem Fall heißt das, sich zu überlegen, was zu tun wäre, um den Kunden maximal zu frustrieren. Davon abgeleitet wären dann die ganz konkreten Schritte aufzuschreiben, was vorzukehren ist, damit die Kundenzufriedenheit steigt. Die Übung eignet sich besonders gut, um die Effizienz-Innovation und die inkrementelle Innovation im Unternehmen zu steigern.

Schritt 4: **Die bewusste Entscheidung**
Wie werde ich ein Arbeitgeber?

Der fiktive Aktuar Schmidt hat in unserem Beispiel vieles richtig gemacht. Insbesondere hat er die Welt auf den Kopf gestellt, hat die radikale Kundenperspektive eingenommen und ist so zu einem neuen Ansatz gelangt, wie er das Kundenbedürfnis besser, kostengünstiger und transparenter befriedigen könnte. Allerdings: Umgesetzt hat er damit noch gar nichts. Es ist bis jetzt nur ein folgenloses Gedankenspiel, ohne jeglichen Nutzen für einen Kunden. Er ist noch nicht zum «Arbeitgeber» und damit zum echten Gamebreaker geworden.

Im fünften Kapitel wurde das schon klassische Beispiel des Heizers auf der Elektrolok beschrieben. Das ist natürlich ein sehr extremes Beispiel. Trotzdem kennen viele von uns Tätigkeiten oder ganze Arbeitsstellen, die uns rätseln lassen, was sie wohl zum eigentlichen Unternehmenszweck beitragen: nämlich dem Kunden einen Nutzen zu bringen. Je größer das Unternehmen, desto mehr «Heizer» sind an Bord. Denn in Großunternehmen können sich Heizer besser verstecken. Im Übrigen können es sich kleine Unternehmen schlicht nicht leisten, «Heizer» an Bord zu haben.

Dies wird dem Beobachter häufig nach einem starken Stellenabbau drastisch vor Augen geführt. Macht man sich vor dem Abbau noch große Sorgen, wie das Ganze denn ohne den Mitarbeitenden X oder Y funktionieren sollte, reibt man sich nach dem Abbau verwundert die Augen: Das System wird zwar zuerst ein bisschen durchgeschüttelt, organisiert sich dann aber neu. Selbst wenn an sich wichtige Stellen dem Abbau zum Opfer fallen, ist die «Selbstreparaturfähigkeit» des Unternehmens enorm. Dies gilt sogar auch für stark zentral regulierte Unternehmen. In der Krise ist oft eine Selbstorganisation des Systems zu beobachten, die das Weiterfunktionieren ermöglicht. Aus diesem Grund werden sehr bald weder die Mitarbeitenden, die einen effektiven Beitrag zur Wertschöpfung beigetragen haben, noch die «Heizer» vermisst.

Ein Heizer zu sein, hat viele Vorteile. Neben dem offensichtlichen – nämlich, dass man nichts tun muss, weil es nichts zu tun gibt – lässt sich noch ein zweiter festmachen: Es hatte damals durchaus sein Prestige, auf der Lok mitfahren zu dürfen. Wie auch viele Großunternehmen ihren «Heizern» den Prestigegewinn eines bekannten Brands und oft auch eine überdurchschnittliche Bezahlung bieten können.

Lohnt es sich, ein Heizer zu sein? Die Antwort ist ein klares «Nein». Denn die Sache geht – heute eher früher als später – meistens schief, wie das historische Beispiel zeigt. Ein Gamebreaker wird sich deshalb zumindest kritisch fragen müssen, ob er ein Heizer ist oder ob er einen echten Beitrag zur Erfüllung des Unternehmenszweckes bringt.

Doch selbst dies genügt nicht mehr. Die Selbstreflexion des Gamebreakers muss noch weiter gehen. Denn mit der hohen Veränderungsgeschwindigkeit verändern sich die Anforderungen an den Arbeitsmarkt rasch und teilweise radikal. Das Bild des Arbeitgebers, der dem Arbeitnehmer über Jahrzehnte dieselbe Arbeit «gab», stimmt heute ganz und gar nicht mehr. Das Verhältnis hat sich genau ins Gegenteil verkehrt: Der frühere Arbeitnehmer wird zum Arbeitgeber, der seinem Unternehmen (das zum Arbeitnehmer wird) seine Arbeit zur Verfügung stellt – und zwar genau dann und dort, wo diese Arbeit benötigt wird. Sehr viele Unternehmen stellen sich immer mehr auf diese Situation ein, indem sie auf ein starkes Partnernetzwerk vertrauen und auf Leiharbeit setzen. Sie «nehmen» Arbeit, die für die Erreichung des Unternehmenszweckes notwendig ist. Und sie nehmen diese Arbeit genau von jenen Stellen, die diese Arbeit kompetent und kosteneffizient zur Verfügung stellen können.

Für einen Mitarbeitenden, der zum Arbeitgeber geworden ist, hat das weitreichende Konsequenzen. Es genügt nicht mehr, einfach im Strom mitzuschwimmen, sondern der Mitarbeitende wird nun die Unternehmerperspektive einnehmen müssen. Etwa, indem er sich nach jedem einzelnen Arbeitstag fragt: Hat meine heutige Tätigkeit etwas zur Wertschöpfung des Unternehmens beigetragen? Und

wenn ja: Steht mein Lohn in einem realistischen Verhältnis zum Beitrag, den ich geleistet habe? Oder anders gefragt: Wäre meine Arbeitsleistung auf dem freien Markt ebenso gut (oder schlechter/besser) entlohnt worden? Und schließlich: Wäre es dem Unternehmen wohl möglich, diese Arbeitsleistung irgendwo anders von irgendwem anderem schneller, kostengünstiger und mit höherer Qualität einzukaufen?

Natürlich muss diese kritische Selbstreflexion mit der notwendigen Vernunft durchgeführt werden. Ein Mitarbeitender in einem Großunternehmen, der den ganzen Tag passiv in Telefonkonferenzen sitzt, wird am Abend kaum annehmen können, dass ihn jemand auf dem freien Arbeitsmarkt dafür bezahlen würde. Aber er muss sich kritisch fragen: Befähigt mich die Information, die ich den ganzen Tag aufgenommen habe, dazu, in den folgenden Tagen einen so großen Mehrwert zu erbringen, dass sich dies für das Unternehmen gelohnt hat?

Es ist offensichtlich, dass sich ein Mitarbeitender akut gefährdet fühlen wird, wenn er sich oft sagen muss, dass der Beitrag zur Wertschöpfung zu gering war – oder dass der Beitrag vom Unternehmen zu teuer erkauft werden musste. In einigen Bereichen ist dieser «unternehmerische» Ansatz im Übrigen sowohl von den Mitarbeitenden als auch vom Unternehmen völlig verinnerlicht: Consultants können oft innerhalb vernünftiger Bandbreiten selbst bestimmen, wie viel sie verdienen wollen. Das Unternehmen rechnet ihnen dann unter Berücksichtigung des Kostensatzes (Cost of Sales) und der Marge, die es erzielen will, auf den Franken genau aus, welchen Umsatz der betreffende Mitarbeitende machen muss. Je höher der Mitarbeitende den eigenen Lohn ansetzt, desto höher ist auch der Umsatz, den er erzielen muss. Je höher das Umsatzziel, desto höher auch der Druck.

Diese Selbstreflexion sollte sehr selbstkritisch und ehrlich durchgeführt werden – die Realität holt einen sonst schnell ein. Sie ist ein ausgesprochen nützlicher und wichtiger Schritt auf dem Weg zum echten Gamebreaker: Denn sie eröffnet über die Zeit auch ein sehr klares und hoffentlich realistisches Bild darüber, welche Marktleistungen man eigentlich erbringen kann und welche tatsächlich zum entsprechenden Preis gefragt ist. Die unternehmerische Perspektive führt dann ganz automatisch immer mehr zur Erkenntnis, dass man diese Marktleistung auch in einem ganz anderen Zusammenhang anbieten könnte: Etwa bei einem anderen Unternehmen – oder aber als Selbständigerwerbender.

Wenn unser Aktuar Schmidt ein echter Gamebreaker ist, dann wird er nicht beim Gedankenspiel stehen bleiben. Er wird sich sagen: Wenn es eine so offensichtlich bessere und kostengünstigere Möglichkeit gibt, das Kundenbedürfnis zu erfüllen, dann wird das früher oder später auch geschehen. Und wenn es denn schon geschehen muss – dann tue ich es vielleicht selbst? In der Folge wird er recherchieren, welche technischen, rechtlichen und finanziellen Voraussetzungen erfüllt sein müssen, damit sein Start-up-Unternehmen Erfolg hat. Er wird eine strikt unternehmerische Haltung einnehmen und wird sich fragen müssen, welche seiner Fähigkeiten als «Arbeitgeber» gefragt sind, um das Projekt zum Erfolg zu führen – und wo er allenfalls Hilfe braucht.

Die Fähigkeit, effizient und effektiv eine auf Marktbedürfnisse ausgerichtete Dienstleistung anbieten zu können, ist die wichtigste Voraussetzung, um von der Digitalisierung nicht disruptiert zu werden. Auf der Basis dieser mentalen Einschätzung entwickeln Gamebreaker auch eine ausgesprochen feine Antenne, die auf Marktveränderungen anspricht – und dem Betreffenden sagt, wie er sich weiterentwickeln muss, damit er im Spiel bleibt.

Gamebreaker-Training

 Gamebreaker-Fragen

- Bringt meine Tätigkeit den Kunden des Unternehmens einen konkreten Nutzen?
- Wenn ja: Worin besteht dieser Nutzen?
- Wenn nein: Was müsste geschehen, damit Kunden einen direkten Nutzen aus meiner Tätigkeit haben?
- Lehne ich Neues ab, weil es nicht zielführend ist – oder weil ich mich in meinen Grundbedürfnissen bedroht sehe?
- Ist mein Beitrag zum Kundennutzen das Geld wert, das das Unternehmen für mich insgesamt ausgibt?
- Erhielte ich auf dem freien Markt für meine heutige Tätigkeit so viel Geld, wie das Unternehmen für mich ausgegeben hat?
- Gäbe es andere, bessere, automatisierte, effizientere, effektivere Möglichkeiten, wie ich dem Kunden denselben Nutzen erbringen könnte?
- Könnte ich selbst diese besseren Wege beschreiten?
- Könnte ich diesen Kundennutzen auch als Selbständigerwerbender erbringen?
- Oder gibt es Dritte (zum Beispiel in anderen Ländern), die denselben Kundennutzen effektiver oder effizienter erbringen könnten?
- Was sind meine allgemeinen Fähigkeiten, unabhängig von einem spezifischen Job? Könnten diese innerhalb des Unternehmens oder auch anderswo gebraucht werden?
- Wie müsste ich mich weiterentwickeln, damit ich als «Arbeitgeber» für den «Arbeitnehmer» (das Unternehmen, für das ich arbeite) wieder attraktiver würde?
- Wo könnten diese Fähigkeiten außer im eigenen Unternehmen noch gebraucht werden?
- Wie viel würde der Markt wohl dafür zahlen?

- Was wäre das Schlimmste, das mir als Selbständiger widerfahren könnte?
- Wäre das wirklich so schlimm für mich?
- Was würde ich in einem solchen Fall tun?
- Was ist das Schlimmste, das mir als Angestellter widerfahren kann?
- Was ist mein Plan B (oder sogar C) im Fall, dass ich «restrukturiert» werde?

 Gamebreaker-Übung: Geschäftsidee festhalten

Versuch deine Geschäftsidee in einen Satz zu fassen. Beschreib dann kurz, weshalb dieser Ansatz besser geeignet ist als die bisherigen, um den Kunden den optimalen Nutzen zu erbringen.

Schritt 5: **Das permanente Denken und Handeln**
Wie werde ich zum permanenten Gamebreaker?

1962 führte der IBM-Chef Thomas Watson eine Rolle ein, die in der damaligen Zeit völlig revolutionär war: diejenige des IBM Fellows. Gewählt wurden IBM Fellows ausschließlich durch den CEO selbst. Potenzielle Kandidaten mussten sich durch technologische Leistungen und Durchbrüche in der Vergangenheit ausgezeichnet haben – und das Potenzial aufweisen, das Unternehmen auch in Zukunft entscheidend weiterzubringen. IBM Fellows hatten eine praktisch unantastbare und unbeschränkte Narrenfreiheit und sehr viel Möglichkeiten, die Innovation im Unternehmen voranzutreiben – es waren praktisch institutionalisierte Gamebreaker.

Auch dieses Konzept wurde vom größten aktuellen Gamebreaker-Unternehmen, nämlich Google, aufgenommen, modifiziert und dem Zeitgeist entsprechend auf alle Mitarbeitenden ausgeweitet: Google-Mitarbeitende durften bis zu zwanzig Prozent ihrer Arbeitszeit für Projekte aufwenden, die nichts mit ihrer unmittelbaren Arbeit zu tun haben. Vor ein paar Jahren wurde diese Freiheit zwar im Sinne einer Fokussierung und Ausrichtung auf die Ziele des Unternehmens modifiziert und eingeschränkt, doch die Freiräume für kreatives, innovationsförderndes Denken sind bei Google nach wie vor hoch.[59] Die Erfolge des Unternehmens sind weitgehend auf die Nutzung des gesamten kreativen Potenzials der Mitarbeitenden zurückzuführen.

Diese geistige Narrenfreiheit ist auch wichtig für einen Gamebreaker. Aber ein echter Gamebreaker in Zeiten der Digitalisierung und der permanenten Disruption nicht nur ganzer Branchen und Unternehmen, sondern auch einzelner beruflicher Tätigkeiten und Rollen in den Unternehmen, muss dies mit einer anderen Einstellung tun. Er wartet nicht mehr darauf, dass ihn irgendein CEO zum Fellow ernennt. Oder dass ihm zwanzig Prozent der Arbeitszeit vom Unternehmen zugebilligt werden, um für das Unternehmen kreativ werden zu dürfen. Ein Gamebreaker schafft sich kreative Freiräume selbst und fordert sich permanent selbst heraus, wie er *sein* «Spiel»

Google gilt heute als größter und erfolgreichster Gamebreaker. Das Unternehmen wurde 1998 von Larry Page und Sergey Brin ins Leben gerufen auf der Basis einer einzigen Idee: Den Nutzern mit einer webbasierten Suchmaschine zu helfen, im riesigen Daten-Ozean des weltweiten Webs genau die Information zu finden, die sie suchen. Zwar ist diese Suche gratis – aber Google gewinnt aus den Anfragen viele Informationen über die Suchenden. In der Folge kann es Werbung zielgruppenspezifisch steuern, so dass der Streuverlust für seine Werbekunden minim ist. Das spült jedes Jahr Milliarden in die Kassen von Google. Doch das war für Google erst der Anfang: Das Unternehmen ist mittlerweile sehr breit aufgestellt und lehrt Mitbewerber in vielen Branchen das Fürchten.

Google bietet Cloud-Dienstleistungen an, welche die IT-Branche disruptieren. Das selbstfahrende Auto wird die Mobilitätsbranche durcheinanderschütteln. Mit Youtube setzt Google den traditionellen Medien stark zu. Android ist zur führenden Plattform für mobile Geräte geworden. Google Maps erleichtert uns die Orientierung. Die übernommene Boston Dynamics revolutioniert den Bereich Robotics. Und im Gesundheitsbereich dringen Nanopartikel von Google durch unsere Haut, um in unserem Blutkreislauf nach Anzeichen für Krankheiten Ausschau zu halten. Auf diese Art wird Google mittlerweile für Disruptionen in fünfzehn Branchen sorgen – und ein Ende ist nicht abzusehen.

Ausgangspunkt war die Idee mit der Suchmaschine. Ein einzigartiges «Ei des Kolumbus», könnte man meinen. Entscheidend war aber nicht der Geistesblitz, sondern die Umsetzung auf der Basis eines Geschäftsmodells, das den ökonomischen Erfolg sicherte. Denn Google war mitnichten das erste Unternehmen, das erkannt hat, das erfolgreiches Suchen bzw. Finden oder Gefundenwerden im Internet das vielleicht wichtigste Kriterium ist. Die erste Suchmaschine für die Volltextrecherche im Internet wurde bereits drei Jahre zuvor von der Firma Digital Equipment Corporation (DEC) erfunden.

Sehr viele der älteren Internet-Surfer – insbesondere aus der IT-Branche – schwören noch heute darauf, dass die Altavista-Suchmaschine von DEC sehr viel schneller und treffsicherer war als die des ungeliebten neuen Mitbewerbers, und viele nutzten Altavista noch lange auch im Google-Zeitalter. Doch DEC war ein rein technologiegetriebenes Unternehmen, das den kommerziellen Nutzen der Suchmaschine nie erkannte und es verabsäumte, mit einem entsprechenden Geschäftsmodell den Nutzen aus der Technologie zu ziehen. Ganz im Gegenteil: Das in einem Forschungsprojekt entwickelte Altavista wurde beispielsweise dazu «missbraucht», um die Leistungsfähigkeit der Server von DEC zu demonstrieren. Wenig überraschend musste DEC einige Jahre danach die Segel streichen und wurde von Compaq übernommen. Wir lernen daraus: Ein erfolgreicher Gamebreaker hat nicht nur Geistesblitze – er operationalisiert sie auch entsprechend, um sein «Spiel» erfolgreich voranzubringen.

durch seinen Beitrag entscheidend weiterbringen kann. Sich «Freiräume» zu schaffen ist indes aus einem einfachen Grund nicht eine Frage der Zeit: Der moderne Gamebreaker wird sich nicht sagen können: «Ich bin am Freitag kreativ!», sondern er ist es permanent. Bei allem, was er tut, fragt er sich: Macht es Sinn? Könnte ich es nicht auch anders tun? Wie sieht das, was ich tue, aus der Perspektive des Kunden aus – bringt es ihm einen Mehrwert? Und: Wie muss ich es anders tun, damit ich mein Spiel verbessere (und allenfalls meinem Team zum Sieg verhelfe)? Modernes Gamebreaking ist eine Geisteshaltung und eine permanente mentale Herausforderung. Das «Spiel» des Gamebreakers ist nun nicht mehr das Spiel des Unternehmens, sondern es ist das eigene Spiel.

Das klingt vielleicht egoistisch, ist aber nur konsequent: Wenn Mitarbeitende im Zuge der Digitalisierung und daraus resultierender Disruption gezwungen werden, vom Arbeitnehmer zum Arbeitgeber zu werden und unternehmerisch zu denken, dann ist vollkommen klar, dass sie ihr eigenes «Spiel» optimieren. Das muss nicht im Gegensatz zu den Zielen des Unternehmens stehen. Ganz im Gegenteil: Oft wird ein Gamebreaker einen entscheidenden Beitrag dazu leisten, dass das Unternehmen seine Ziele erreicht. Nur ist die Veränderungsgeschwindigkeit und die daraus resultierende Absturzgefahr für alle Mitarbeitenden mittlerweile so hoch, dass es fahrlässig wäre, den kreativen Ansatz ausschließlich auf das Unternehmen und auf die Unternehmensgrenzen zu beschränken: Im Fokus muss das unternehmerische Potenzial des Gamebreakers selbst stehen. Unabhängig von den Erwartungen und Beschränkungen, die ihm das Unternehmen auferlegt.

Damit das möglich wird, muss ein echter Gamebreaker seine Perspektive am ersten Tag des Unternehmens ändern: Er darf das ganze Spiel auf keinen Fall aus Sicht des *Arbeitnehmers* sehen. Also aus Sicht dessen, der passiv Arbeit nimmt, so wie sie ihm vom Unternehmen «gegeben» wird. Denn das bedeutet, dass ihm das Unternehmen die Arbeit dann irgendwann auch wieder wegnehmen kann. Ein echter Gamebreaker muss sich vom allerersten Tag an als

Arbeitgeber sehen: Er ist nicht der passive «Nehmer», sondern der aktive «Geber». Das versetzt ihn mental in eine sehr viel komfortablere Rolle, denn es ist vorteilhaft, in einer (Arbeits-)Beziehung der Aktive zu sein. Es öffnet auch die Perspektive auf Neues: Wenn ich ein erfolgreicher Arbeitgeber bin, dann kann ich das auch in einem anderen Unternehmen sein. Oder noch radikaler: Ich kann meine Arbeit geben, ohne dabei auf das – nicht selten einengende – Korsett eines Unternehmens angewiesen zu sein.

Die konsequent eingenommene Perspektive des Arbeitgebers ermöglicht dem Gamebreaker aber noch etwas Wichtiges: Nämlich die Distanzierung von Ideologien und Dogmen, die es in jedem Unternehmen gibt. Ein echter Gamebreaker, so haben wir gelernt, muss ein Freidenker im Sinne von Jeanne Hersch sein. Der ideologische Ballast, den es in jedem Unternehmen gibt, hindert ihn daran und schränkt so seine Möglichkeiten ein.

Tritt der Gamebreaker eine neue Stelle als Arbeitgeber an, dann gilt für ihn jenes Modell der Wirklichkeit, das er als Freidenker für sich selbst bewusst entworfen hat. Er wird sehr viel weniger in Versuchung kommen, sich die Dogmen und Ideologien des Unternehmens zu eigen zu machen bzw. sich diesen zu unterwerfen. Das ist für seine Entwicklung von größter Bedeutung – und hilft zugleich dem Unternehmen selbst: Vorschläge und Feedbacks von jemandem, der das Unternehmen zwar gut kennt, aber noch nicht oder gar nie betriebsblind wird, sind von unschätzbarem Wert. Allerdings nur dann, wenn man auch bereit ist, die Feedbacks überhaupt anzunehmen, was in sehr vielen Unternehmen nicht der Fall ist.

Zudem gibt es in jedem Unternehmen Menschen, die zwanzig «gute Ideen» haben, und das jeden Tag aufs Neue. Von diesen zwanzig Ideen wird im Allgemeinen keine einzige realisiert. Nicht weil das Unternehmen zu stur und unbeweglich wäre (auch wenn das der Fall sein mag), sondern weil die Ideen schlicht nichts taugen: Nicht umsetzbar, zu teuer, kontraproduktiv oder schlicht mentale Science-Fiction. Dieser Gefahr ist der Gamebreaker nicht ausgesetzt. Er hat auch sehr viele Ideen. Die unternehmerische Perspektive des Arbeitgebers zwingt ihn aber, die Ideen nach pragmatischen Gesichtspunkten zu filtern: Macht das in einem unternehmerischen Kontext Sinn? Ist das überhaupt möglich? Wird jemand bereit sein, dafür zu zahlen? Gibt es nicht andere, bessere Wege, um das von der Idee angepeilte Ziel zu erreichen? Diese und andere Kontrollfragen wird sich der Gamebreaker stellen. Denn für ihn heißt Gamebreaking, sein eigenes Spiel durch Denken *und* Handeln erfolgreich zu optimieren.

Viele Unternehmen haben erkannt, dass sie Innovationen im Unternehmen beschleunigen können, wenn ihre Mitarbeitenden systematisch Kreativitätstechniken anwenden. Es gibt rund zweihundert solcher Techniken, oft angewendet werden Brainstorming und Mindmapping, die in vielen Unternehmen mittlerweile sogar zum guten Ton gehören. Sehr viele Innovationsforscher vertreten heute aber den Ansatz, dass die Methode des Perspektivenwechsels die erfolgversprechendste Kategorie ist, um das Spiel nachhaltig zu verändern, denn Perspektivenwechsel zwingen uns, unsere Modelle der Wirklichkeit zu hinterfragen, zu verändern und zu ergänzen. Die Fähigkeit, kreativ zu werden, kann dabei sehr gut geübt werden.[60]

Ein Gamebreaker, der in diesem Sinne von der Perspektive des Arbeitnehmers in die Perspektive des Arbeitgebers wechselt, steht quasi permanent in der dialektischen Spannung zwischen zwei Perspektiven: Es wird erwartet, dass er die Perspektive des Unternehmens einnimmt, indem er die Definition sowie die zugrunde liegenden Hypothesen des Unternehmens übernimmt. Das Unternehmen will bestimmen, was gilt und was «wahr» ist. Genau das motiviert den Gamebreaker, seine eigene Perspektive ins Spiel zu bringen. Je rigider der Wahrheitsanspruch des Unternehmens, desto entschiedener wird der Gamebreaker die Gegenposition einnehmen. Er wird motiviert und beflügelt, die eigene Perspektive einzunehmen: nämlich diejenige, die *seinem* Spiel entspricht und die ihn in *seinem* Spiel weiterbringt – und die dem Kunden den größten Mehrwert bringt.

Der Gamebreaker lebt damit in einem Zustand der dialektischen Spannung und des permanenten Perspektivenwechsels und wird somit fortlaufend zu besseren Einschätzungen kommen, als das Unternehmen von ihm verlangt. Notwendigerweise wird er sich aber auch mit seiner Umgebung, seinem Team oder dem ganzen Unternehmen reiben – und er wird sehr schnell herausfinden, ob diese Reibung eine produktive ist, die ihn und seine Umgebung weiterbringt. Oder ob er sich in einen anderen beruflichen Kontext begeben muss, um sich als Arbeitgeber besser realisieren zu können.

Gamebreaker-Training

 Gamebreaker-Fragen

Versuch die Tätigkeiten des Unternehmens als Spiel darzustellen. Beantworte dabei insbesondere folgende Fragen zum Spiel:
- Wie sieht die Definition des Spiels aus Sicht des Unternehmens aus?
- Wie sieht meine Definition aus – wie würde ich die Spielregeln definieren?
- Gelingt die «Synthese» aus der These des Unternehmens und meiner Antithese?
- Was ist das Ziel des Spiels?
- Wann hat man gewonnen?
- Wie könnte der Sieg noch besser erreicht werden?
- Lässt das Unternehmen zu, dass ich und alle anderen das Maximum dazu beitragen, dass wir gewinnen?
- Wer sind die wirklich wichtigen Spieler?
- Gehöre ich dazu?
- Auf welche Spieler könnte man verzichten?
- Wie spielt das gegnerische Team?
- Was kann ich vom gegnerischen Team lernen?
- Mit welcher Spielstrategie und -taktik gefährdet das gegnerische Team mein eigenes Team?
- Was kann ich tun, um unser Spiel zu verbessern?
- Was kann ich tun, um mein Spiel zu verbessern?
- Sollte ich mir ein anderes Spiel suchen, in dem ich erfolgreicher sein kann?
- Wie finde ich die richtigen Mitspieler?

Gamebreaker-Übung: Umgang mit dialektischer Spannung

Schreib auf, was genau geschehen ist beim letzten Versuch, deine Perspektive auf die Wirklichkeit bzw. einen disruptiven Gamebreaking-Vorschlag einzubringen:
- Wem habe ich diesen Vorschlag unterbreitet?
- Wie hat er/sie reagiert?
- War es die richtige Person?
- Ist mein Vorschlag aufgenommen worden?
- Wenn ja: Konnte das «Spiel» entscheidend verbessert werden?
- Hat sich «mein Spiel» (meine Position im Unternehmen) entscheidend verbessert?
- Was sind die nächsten Schritte?
- Wenn nein: Was sind die Gründe für das Scheitern des Gamebreaking?
- Ist das Unternehmen offen für Gamebreaking – oder eher nicht?
- Kann ich meine Idee anderswo (als Selbständiger oder bei der Konkurrenz) umsetzen?

Schritt 6: **Die Mitspieler**

Wie suche ich mir die richtigen Mitspieler?

Die dialektische Spannung ist ein wichtiges Lebenselixier des modernen Gamebreakers: Die Spannung hilft ihm, die permanente geistige Haltung des «Querdenkers» im Unternehmen einzunehmen. Allerdings wird es auf die Dauer für Gamebreaker in rigiden, zentralistisch und strikt prozessgesteuerten Unternehmen in einem Punkt heikel: Denn die Spannung aus These und Antithese sollte irgendwann zur Synthese werden. Konkret: Sie sollte sich in einer ganz bestimmten Verhaltensänderung des Unternehmens niederschlagen.

Dies ist grundsätzlich nicht ausgeschlossen, vor allem dann, wenn das Unternehmen einen klaren, oft finanziellen Vorteil darin sieht, was natürlich besonders oft bei der Effizienz-Innovation oder der inkrementellen Innovation der Fall ist. Ein klassisches Beispiel ist der 20-Gramm-Brief.[61] Jedes Jahr versandte der Düsseldorfer Henkel-Konzern eine Einladung zur Aktionärsversammlung mittels traditioneller Briefpost. Die Einladung per Brief (statt Mail) schien dem Unternehmen aus verschiedenen Gründen unverzichtbar. Einem Mitarbeitenden fiel auf, dass der Brief die tariflich wichtige 20-Gramm-Grenze um 2 Gramm überschritt. Er schlug vor, leichteres Papier zu verwenden. Mit diesem Geistesblitz ermöglichte er es dem Unternehmen, jedes Jahr 25 000 Euro zu sparen – und er durfte sich über eine saftige Prämie für seinen Verbesserungsvorschlag freuen.

Dies ist aber eher die Ausnahme als die Regel, vor allem wenn Gamebreaker Änderungen vorschlagen, die in die Kategorie disruptive Innovation gehen: Dies bedingt oft, dass fundamentale Dinge anders gemacht werden, was mit Verunsicherung und Machtverlust von einflussreichen Exponenten im Unternehmen einhergeht. Oft wird dann der Einfall des Gamebreakers als Störfall abgetan, der die reibungslose Prozessabwicklung stört. Der Gamebreaker wird als Sand im Prozessgetriebe angesehen – und die dialektische Spannung führt zur Spaltung: Unternehmen und Gamebreaker trennen sich.

Ist das ein Problem? Die Antwort ist ein klares «Ja». Denn der Gamebreaker hat eine unternehmerische Perspektive. Aus dieser unternehmerischen Perspektive hat er seinen einzigen und damit auch wichtigsten Kunden verloren – seinen «Arbeitnehmer». Einen Kunden, den er sehr gut gekannt hat. Einen Kunden, der ihm nicht nur das finanzielle Auskommen gesichert hat, sondern auch sehr viele ausgesprochen angenehme Nebenleistungen erbracht hat. Auch wenn er sich eine geraume Zeit an diesem Kunden gerieben hat, sind ihm die beim selben Kunden tätigen Kollegen (die anderen Mitarbeitenden) doch lieb geworden.

Allerdings wird sich jeder echte Gamebreaker auch sagen können: Einen einzigen Kunden zu haben ist unternehmerisch gesehen ein zu großes Risiko. Zumal dieser Kunde der eigenen Arbeitsleistung und dem ganzen kreativen Potenzial wenig aufgeschlossen gegenüberstand und schon lange zu erwarten war, dass eine Änderung nur eine Frage der Zeit war. Ein wirklicher Gamebreaker wird deshalb im Allgemeinen nicht warten, bis der Kunde (also das Unternehmen) die Trennung einleitet. Sondern er wird die Trennung aktiv vorantreiben.

Nach der Trennung vom betreffenden Unternehmen wird er sich eine Frage stellen müssen: Soll er wieder eine Ein-Kunden-Beziehung eingehen – sich also von einem anderen Unternehmen anstellen lassen – oder soll er eine Mehr-Kunden-Beziehung anstreben? Für beides gibt es gute Gründe.

Viele Gamebreaker werden – nach jahrelangem dialektischen Abnützungskampf in einem Unternehmen – eher die Mehr-Kunden-Variante wählen. Denn diese Variante bietet das Beste aus zwei Welten: Der Gamebreaker verliert die notwendige dialektische Reibung nicht, sondern er erweitert sie. Oft wird er als externer «Arbeitgeber» weiterhin eine Dienstleistung im Rahmen eines Unternehmens anbieten, beispielsweise als Berater in einem Großunternehmen. Dort entsteht dann genau dieselbe dialektische Spannung, nur wird der Gamebreaker als externer Anbieter feststellen, dass er plötzlich eine sehr viel stärkere Stellung hat und dass das Unternehmen sehr viel geneigter ist, seine Thesen zu berücksichtigen, und das hat vier Gründe:

1. Das Unternehmen bezahlt ihn nun direkt für seinen Beitrag. Das hat es zwar vorher mit der monatlichen Lohnzahlung auch getan, nur war es sich dessen viel weniger bewusst.
2. Das Unternehmen hat den externen Dienstleister für ein bestimmtes Projekt in einem aktiven Entscheid ausgewählt und wird deshalb sehr viel geneigter sein, seine Thesen aufzunehmen und ihn als Experten zu akzeptieren.
3. Das Unternehmen wird automatisch davon ausgehen, dass der externe Berater auch für andere Kunden tätig ist und dass er das dort gewonnene Wissen entsprechend einbringen kann.
4. Und schließlich: Der externe Gamebreaker ist keine politische Bedrohung für die Machthaber im Unternehmen. Er kommt, berät und geht wieder.

Der Gamebreaker wird deshalb – oft verwundert – feststellen, dass er mit seinen Ideen auf diese Art wesentlich mehr bewirken kann als im Ein-Kunden-Modus. Und das gilt paradoxerweise selbst dann, wenn er für sein Unternehmen tätig ist, bei dem er zuvor angestellt war: Als Externer gelten seine Thesen und Ratschläge einfach mehr. Und sollte das nicht mehr der Fall sein, kann er den Kunden sehr viel einfacher wechseln als früher: Denn er hat ja nun mehr als nur einen Kunden.

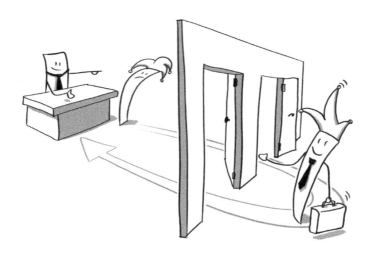

Eine oft genutzte Zwischenform für Gamebreaker sind die mehr oder weniger fixen Netzwerke. Darunter versteht man den Zusammenschluss von mehreren Gamebreakern, die zwar eine gemeinsame Infrastruktur nutzen und sich für bestimmte Projekte – auch als Generalverantwortliche für ein Projekt – zusammenschließen, im Allgemeinen aber rechtlich und wirtschaftlich selbständig sind. Solche Netzwerke sind in vielerlei Hinsicht nützlich. Hauptsächlich ermöglichen sie den Beteiligten, ihre Fähigkeiten komplementär zu ergänzen und gegenüber dem Kunden als eingespieltes Team aufzutreten, was es erlaubt, ansonsten unerreichbare Aufträge an Land zu ziehen. Weil die Fähigkeiten aber oft nicht nur komplementär sind, sondern sich die Mitglieder eines Netzwerkes zum Teil auch konkurrenzieren, kann auch eine dialektische Spannung aufgebaut werden, die es erlaubt, sich weiterzuentwickeln. Ein Beispiel für ein solches Beraternetzwerk ist die Badener Firma Onion in der Schweiz.[62]

Indes sollte ein Gamebreaker auch für das Ein-Kunden-Modell offen sein. Die Ein-Kunden-Beziehung, also die nächste «Festanstellung», ermöglicht es ihm, in einem Gamebreaker-Unternehmen in enger Zusammenarbeit mit anderen Gamebreakern an Zielen zu arbeiten, die er als Einzelner, aber auch im losen Netzwerk-Verbund mit anderen Gamebreakern niemals verfolgen könnte, weil sehr viel Kapital und sehr viel zweckgerichtete Arbeit nötig ist, um das Ziel zu erreichen. Eine lose Truppe von Gamebreakern wird es niemals schaffen, Intel als führenden Chip-Hersteller zu konkurrenzieren oder Amazon als führenden Cloud-Anbieter vom Thron zu stoßen. Es braucht dafür ein Unternehmen mit vielen bestehenden Kundenbeziehungen, sehr viel Kapital und eine global koordinierte und fokussierte Gesamtleistung mit sehr vielen unterschiedlichen Fähigkeiten und Beiträgen. Will der Gamebreaker Teil einer solchen Erfolgsgeschichte sein, wird er um eine Ein-Kunden-Beziehung nicht herumkommen.

Entscheidend ist die Frage, wie er vorgehen soll, um das «richtige» Unternehmen zu finden. Um das «richtige» Unternehmen zu finden, wird der Gamebreaker deshalb die folgenden Fragen besonders sorgfältig beantworten müssen.

Gamebreaker-Training

 Gamebreaker-Fragen

- Gibt es in meiner Umgebung Raum für Gamebreaking (Effizienz-Innovation, inkrementelle Innovation, disruptive Innovation)?
- Gibt es von mir angestoßene und realisierte Beispiele in den drei Kategorien?
- Wenn nein: Liegt das eher an mir oder eher an meinem Unternehmen?
- Wie reagiert mein Unternehmen konkret auf von mir vorgeschlagene Verbesserungen?
- Ist mein Unternehmen grundsätzlich bereit, Neues zu wagen, oder eher nicht?
- Ist mein Unternehmen ein Treiber der Digitalisierung bzw. setzt es auf digitale Techniken zur Erreichung seiner Ziele?
- Habe ich Ideen für Verbesserungen in den drei Innovationskategorien?
- Wo und wie sind diese Vorschläge einzubringen, damit Hoffnung auf Umsetzung besteht?
- Wenn ich ein neues Unternehmen suche: Wie stellt sich das Unternehmen und die Mitarbeitenden auf den sozialen Medien (Youtube, Facebook, Flickr …) dar – sind Social Media eher ein Feigenblatt oder Ausdruck einer dynamischen, «coolen» Firma?
- Sind die (meist kritischen) Beiträge über das Unternehmen auf Bewertungsportalen wie kununu.com Ausdruck eines verknöcherten Unternehmens oder nur Ausdruck individueller und damit eher vernachlässigbarer Frustrationen?
- Kann der Personalverantwortliche des neuen Unternehmens spontan ein Beispiel nennen, in dem ein Mitarbeitender einen entscheidenden Beitrag zum Firmenerfolg beigetragen hat?

- Hat das Unternehmen einen riesigen Katalog von Prozess- und Regelvorschriften?
- Erlaubt das neue Unternehmen mir, an einer Mitarbeiterveranstaltung teilzunehmen?
- Wenn ja: Wie fühlt sich das an? Gibt es intensive Diskussionen oder eher ein «Predigen von der Kanzel»?
- Stimmen mein Eindruck und das vom Unternehmen auf der Website propagierte Leitbild überein?
- Welche beruflichen Ziele habe ich?
- In welcher Organisationsform (angestellt, selbständig, netzwerkend) sind diese Ziele am ehesten zu realisieren?
- Wird der freie Markt meine Fähigkeiten schlechter/gleich gut/ besser entlöhnen?
- Was ist mir bei meiner Arbeit besonders wichtig/unwichtig?
- Sind meine Fähigkeiten gut als Selbständiger zu kommerzialisieren oder ist dafür eine größere Organisation vonnöten, damit diese Fähigkeiten zum Tragen kommen?
- Ist meine Marktleistung gut mit anderen Netzwerkpartnern kombinierbar?
- Welche bestehenden Netzwerke gibt es, in die ich mich einbringen könnte?

Schritt 7: **Die Stolpersteine**

Worauf muss ich als Gamebreaker achten?

Gäbe es in der Wirtschaftsgeschichte eine Hitparade der unkonventionellsten, aber brillantesten Gamebreaker, würde der Kroate Nikola Tesla einen Spitzenplatz einnehmen. Der junge Tesla zeigte schon früh Charaktereigenschaften, die viele echte Gamebreaker auszeichnen: Seinen enormen Wissensdurst stillte er mit Vorlesungen an der Kaiserlich-Königlichen Technischen Hochschule in Graz zu den unterschiedlichsten Themen, die er intellektuell zu durchdringen suchte. Doch schon im dritten Studienjahr war das starre Korsett der Hochschule dem unruhigen Geist zu eng. Er flüchtete nach Marburg, wurde aber als notorischer Tunichtgut von der Polizei in seine Heimatstadt verwiesen. Auch ein zweiter Versuch einige Jahre später, sein Studium in Prag abzuschließen, scheiterte kläglich – und auch hier ließ er, von materieller Verantwortung das Leben lang gänzlich unbelastet, Schulden in Form nicht bezahlter Studiengebühren zurück. Das Muster von ausschweifendem Leben an besten Adressen bei gleichzeitigem ökonomischem Scheitern zieht sich auch später – Tesla ist mittlerweile in die USA ausgewandert – durch sein Leben.

Der unstete, wenig ausdauernde und ziemlich verantwortungsscheue Charakter ist aber nur ein Teil von Tesla. Ihm stehen Erfindungen der elektrischen Energietechnik gegenüber, die sich wie ein wahres Feuerwerk der Wissenschaft lesen – und noch heute staunen die Besucher des Technoramas Winterthur über Experimente mit drahtloser Energieübertragung, die auf Tesla zurückgehen. Tesla bandelte auch mit den erfolgreichsten Unternehmern wie etwa Thomas Alva Edison oder George Westinghouse an, weil ihm wohl seine Defizite allzu bewusst waren. Doch es half alles nichts: Nach mehreren Konkursen und wiederholtem ökonomischem Scheitern starb Tesla 1943 völlig verarmt. Es gelang ihm nie, seine Forschungen in ökonomischen Erfolg umzumünzen.

Wenn das jemandem bekannt vorkommt, dann ist das kein Zufall, sondern liegt am Namen «Tesla». Nicht von ungefähr hat Elon Musk sein bekanntes Elektroauto-Unternehmen nach dem rebellischen, aber höchst innovativen Tesla benannt. Und genau wie Tesla begnügt sich Musk natürlich keineswegs damit, die Autobranche zu disruptieren und ganz nebenbei die Branchengrößen wie Mercedes, BMW oder den Volkswagen-Konzern alt aussehen zu lassen – was ja an sich schon eine «gamebreakende» Großtat war. Nein, Musk will auch noch Surfbretter bauen. Auch der Weltraum ist sein Ziel, den er mit seiner Space-X-Rakete erforschen will. Und so quasi als Nachtisch will er mit der Übernahme des Solarenergie-Unternehmens Solarcity auch noch diese Branche revolutionieren. Doch selbst das war noch nicht genug: Von einer Bemerkung des Starinvestors Warren Buffett angestachelt, drohte Musk als Reaktion darauf, das Süßwarengeschäft von Buffetts Konglomerat Berkshire Hathaway zu konkurrenzieren. Bei all diesen ungestümen Geistesblitz-Gewittern gerät die Produktion der Tesla-Autos mächtig ins Stocken, und Musk musste nach einer Reihe von Skandalen das Verwaltungsratspräsidium von Tesla abgeben.

Was lernen wir daraus? Erfolgreiche Gamebreaker müssen die Arbeit *am* System wie auch *im* System in einem Gleichgewicht halten und vor allem auch einen ökonomischen Erfolg aus ihrem Gamebreaking ziehen. Tesla und Musk sind offensichtlich fokussiert auf die Arbeit am System: Sie sind richtiggehend süchtig nach disrupti-

vem Gamebreaking. Sie sind «Verblüffungs-Junkies» und wollen von der Welt immer wieder bewundert werden für ihre Geistesblitze. Durch disruptives Gamebreaking schaffen sie es, überlieferte «Wahrheiten» in Frage zu stellen, Forschungsdurchbrüche zu erzielen und damit potenziell ganze Branchen zu disruptieren. Nur wird ihnen dann schnell langweilig: Ihre Ideen in jahrelanger, beharrlicher unternehmerischer Tätigkeit zu optimieren und allenfalls mit Effizienz-Innovation und inkrementeller Innovation zu perfektionieren, ist nicht ihre Sache. Es geht ihnen eher um den kurzfristigen Effekt als um den langfristigen unternehmerischen Erfolg und Kundennutzen. Das kann, wie im Beispiel von Tesla gesehen, ins Auge gehen. Bei Musk steht das abschließende Urteil noch aus.

Wollen Gamebreaker nicht scheitern, sollten sie die Arbeit am System und im System in einem ausgewogenen Verhältnis halten. Oder, wenn das nicht geht, sich der eigenen Defizite bewusst sein: Wer kein Gamebreaker ist, der sollte sich mit Menschen mit den entsprechenden Fähigkeiten umgeben und versuchen, einen Beitrag bei der Umsetzung zu leisten. Genau dasselbe gilt für «Dauerdisruptoren» wie Tesla und Musk: Sie müssen sich synergetisch mit Menschen umgeben, die ihre Geistesblitze beharrlich in kleinen Schritten umsetzen. «Disrumpere» heißt «zerbrechen», «zerreißen», nämlich der bestehenden Geschäftsmodelle. Es wird sich aber nur dann um eine schöpferische Zerstörung handeln, wenn in der Folge etwas Neues aufgebaut wird. Die bahnbrechende, disruptive Idee muss operationalisiert werden, und durch beharrliches Optimieren ist der gesamte Kundennutzen zu erschließen. Tut dies der disruptive Gamebreaker nicht oder nicht schnell genug, werden die Angegriffenen reagieren: Selbst die deutsche Autoindustrie hat heute das Potenzial von Elektroautos entdeckt und wartet mit den entsprechenden Angeboten auf.

Erfolgreiches Gamebreaking setzt ein Gleichgewicht dieser Fähigkeiten voraus – oder doch zumindest, sich des Ungleichgewichts bewusst zu sein und die entsprechenden Konsequenzen daraus zu ziehen.

Gamebreaker-Training

 Gamebreaker-Fragen

- Wie viele «gamebreakende» Geistesblitze habe ich in den letzten sechs Monaten gehabt?
- Waren das eher effizienzsteigernde, inkrementelle oder disruptive Geistesblitze?
- Habe ich eher zu viele «gamebreakende» Geistesblitze oder zu wenige?
- Bin ich eher ein Gamebreaker oder ein Umsetzer?
- Wie sehr sind meine Einfälle auf die Erhöhung des Kundennutzens ausgerichtet?
- Wie viele meiner Geistesblitze habe ich umgesetzt?
- Komme ich schnell in einen Modus der kleinen (Umsetzungs-) Schritte?
- Habe ich Mühe mit der beharrlichen, oft viel Zeit in Anspruch nehmenden Umsetzung?
- Habe ich Mühe, für die Umsetzung meiner Ideen die geeigneten Personen beizuziehen?
- Wie steht es mit dem Feedback meiner Umgebung und der Kunden?
- Prüfe ich «gamebreakende» Geistesblitze auf ihre unternehmerische Tauglichkeit – oder eher nicht?
- Welche meiner umgesetzten Geistesblitze haben zu einer spürbaren Verbesserung für die Kunden geführt?
- Verfalle ich in eine selbstgenügsame Haltung, wenn ich einen «gamebreakenden» Geistesblitz umgesetzt habe – oder spornt mich das eher zu weiteren Verbesserungen an?

10 Gamebreaker – kurz und bündig

Wer fünfzig Jahre oder älter ist, der kann sich vielleicht noch daran erinnern: Lange Sonnenbäder am Meer oder auf der Terrasse, ohne Sonnenschutz und ohne schlechtes Gewissen, ganz im Gegenteil: Eine «gesunde Bräune» galt als Ausdruck von Vitalität und Sportlichkeit. In seltenen Fällen – und wenn die Eltern «paranoid» waren – wurde Sonnencreme mit dem Schutzfaktor 6 aufgetragen, was damals das höchste aller Gefühle war. Heute wissen wir: Die Sonne verursacht Schäden, die oft erst Jahrzehnte später auftreten können – und sie wird immer aggressiver. Vernünftige Menschen schützen sich deshalb, reduzieren die Sonnenexposition und tragen Cremes mit hohem Schutzfaktor auf. Was früher als «übertrieben» und «paranoid» schien, gilt heute als angemessen und rational.

Ganz ähnlich entwickelt sich unsere Arbeitswelt: Zählten unbedingte und unreflektierte Pflichterfüllung, langjährige Betriebszugehörigkeit und Berufsroutine, unbeirrbarer Stolz auf den erlernten Beruf, Loyalität und Verharren auf der «sicheren» Arbeitsstelle zu den höchsten Tugenden eines «Arbeitnehmers», werden diese Tugenden plötzlich zu Risiken in der digitalen Transformation. Gefragt sind heute das Erkennen von Trends und Markterfordernissen, die Reflexion über die persönliche Wertschöpfung wie auch diejenige des eigenen Unternehmens und eine daraus resultierende hohe persönliche Flexibilität und Mobilität nach Maßgabe der (Arbeits-) Markterfordernisse. Der Arbeitnehmer wird in dieser Entwicklung zum Arbeitgeber: Er gibt seine Arbeit, um ein Ziel zu erreichen, und zwar genau dort und dann, wo bzw. wenn das sinnvoll ist. Weil er weiß, dass seine Arbeit am Markt nachgefragt ist, fühlt er sich sicher. Er braucht nicht mehr die (Schein-)Sicherheit, die ein großes Unternehmen bietet.

Sehr viele Menschen, darunter auch viele Gamebreaker, werden trotz allem weiterhin in großen Unternehmen angestellt bleiben. Von entscheidender Bedeutung ist dabei, dass das betreffende Unternehmen eine Kultur lebt, die Gamebreaking zulässt. Ist das nicht der Fall, wird der Gamebreaker irgendwann heißlaufen und resignieren – und über die Dauer entweder «restrukturiert» oder mit seinem in alten Ritualen erstarrten Unternehmen untergehen. Auch ganze Unternehmen müssen zu Gamebreakern werden, damit sie langfristig überleben.

Diese Erkenntnis ist nicht neu: Der österreichische Nationalökonom Joseph Schumpeter hat die schöpferische Zerstörung des Bestehenden, damit Neues entstehen kann, schon vor über hundert Jahren beschrieben. Neu ist aber die Geschwindigkeit und Radikalität, in der die Zerstörung stattfindet – und die Genialität neuer Geschäftsmodelle, die sich oft ohne hohen Einsatz von Kapital und Arbeit in kürzester Zeit durchsetzen und ganze Branchen revolutionieren.

Ein gesundes Maß an Paranoia hilft dem Gamebreaker, Entscheidungen zu treffen, die sich mittel- und langfristig als die vernünfti-

gen und rationalen erweisen werden – und entsprechend zu handeln. Panik ist nicht angesagt: Arbeitsplätze werden zwar verschwinden, mehr neue werden aber entstehen. Diese Veränderung ist eine Chance für Gamebreaker: Für sie gibt es immer mehr Möglichkeiten, erfolgreich im Spiel zu bleiben. Die Eigendynamik der digitalen Transformation verlangt nach den Beiträgen von Gamebreakern, die den Fortschritt vorantreiben und die neuen Möglichkeiten für sich und das Unternehmen nutzen. Noch interessanter wird es für Gamebreaker, ihr eigenes Spiel mit den eigenen Regeln zu definieren. Noch nie war eine disruptive Idee so wertvoll wie heute: Denn viele neue digitale Geschäftsmodelle sind weder kapital- noch arbeitsintensiv, ihr Erfolg beruht einzig und allein auf der disruptiven Idee, auf der Fähigkeit, ein Startkapital zu finden, und auf der beharrlichen, pragmatischen Umsetzung. Zwar wird die Lebenszeit dieses Geschäftsmodells in Zukunft kürzer sein als noch vor ein paar Jahrzehnten – doch die Wertschöpfung kann in dieser kurzen Zeit sehr hoch sein.

Starke gesellschaftliche Veränderungen, insbesondere die Arbeitswelt betreffend, lösen Unsicherheit und Ängste aus. Schlagzeilen über das «Verschwinden der Arbeit» und die daraus resultierenden Forderungen nach einem «bedingungslosen Grundeinkommen» sind Ausdruck solcher kollektiven Ängste. Ein Gamebreaker wird diesen Ängsten nicht Raum geben, sondern sich in einem kontinuierlichen Selbstverbesserungsprozess auf der Basis der beschriebenen sieben Schritte in und mit der digitalen Transformation bewegen und sie zu seinem Vorteil nutzen. Über die Zeit wird er in einen Modus der permanenten Selbstdisruption kommen. Er wird das als ganz selbstverständlich nehmen, im Wissen, dass nur dies sicherstellt, nicht durch Fremddisruption kaltgestellt zu werden. Dabei wird der Gamebreaker nicht in Hyperaktivismus oder Panik verfallen: Seine Geisteshaltung als Arbeitgeber beziehungsweise eigenständiger Unternehmer wird sicherstellen, dass er seine Geistesblitze auf dem Hintergrund der Marktrealitäten kritisch auf ihre Machbarkeit, ihren Nutzen und ihre Nachhaltigkeit hinterfragt. Je schneller und konsequenter er diese Geisteshaltung einnehmen kann, desto sicherer wird er sich in der Arbeitswelt bewegen, erfolgreich im Spiel bleiben und über die Dauer mit großer Wahrscheinlichkeit sogar erfolgreiche neue Spiele definieren. Das vorliegende Buch kann der Start für eine lange, erfolgreiche Gamebreaker-Reise sein.

Fallbeispiele

Fall 1: Krone aus dem Drucker – Gamebreaker in der Zahnarztpraxis

Viele von uns kennen das: Ein beherzter Biss in den Kuchen, ein kurzer Schmerz und schon wieder ist eine Zahnwand wegen einer «verirrten» Nussschale abgebrochen. Der Gang zum Zahnarzt ist unvermeidlich, und wer das auf sich nimmt, der ist sich bewusst: das Erlebnis wird wahrscheinlich nicht als eines der ganz angenehmen im Gedächtnis haften bleiben. In einer herkömmlichen Praxis würde die Behandlung nämlich etwa so erfolgen: Nach kurzem Gespräch produziert die Zahnärztin mittels Abdrucklöffel und -masse einen Negativabdruck der schadhaften Stelle – nicht ohne den Mundwinkel des Geplagten buchstäblich auf eine Zerreißprobe zu stellen, wie auch seine Fähigkeit, fest und dauerhaft zuzubeißen und dabei gegen den unvermeidlichen Würgereiz anzukämpfen. Dieser Abdruck wird dann per Kurier in ein zahntechnisches Labor geschickt, das die notwendige Krone produziert. Der Patient muss sich in der Zwischenzeit mit einem Zahnprovisorium behelfen, bis die Krone in ein bis zwei Wochen bereit ist. Nicht selten fällt das Provisorium in der Zwischenzeit heraus, sehr kalte oder sehr heiße Speisen führen dann zu schmerzhaften Reaktionen, ganz zu schweigen von schädlichen Keimen. Kleiner Trost: Der nächste Gang zum Zahnarzt zum Einsetzen der Krone erscheint dann wie eine Erlösung.

Doch das muss nicht sein. Die Zahnarztpraxis von Dr. Ekkehard Böhmer in einem kleinen Dorf in der Schweiz (Worb) setzt auf ein Verfahren, das nicht nur das zahnärztliche Labor ganz ersetzt, sondern auch den Patienten in vielen Fällen bereits nach der ersten Be-

handlung mit der definitiven Krone nach Hause gehen lässt. Böhmer hat die in der Schweiz entwickelte Lösung CEREC (Ceramic Reconstruction) im Einsatz, eine 3D-Technologie zur abdruckfreien und schnellen Herstellung von Vollkeramik-Zahnersatz, wie eben beispielsweise Kronen oder Inlays. Der Abdruck wird bei dieser Methode ersetzt durch einen Scanner, der die betroffene Stelle aufnimmt und das dreidimensionale Bild des Zahnes und der Nachbarzähne auf einem Monitor darstellt. Das notwendige Restaurationsstück – also zum Beispiel die Krone – wird nun digital konstruiert, unter Berücksichtigung der Nachbarzähne und – wichtig für einen harmonischen Zusammenbiss – des jeweiligen Zahns im gegenüberliegenden Kiefer. Diese Daten werden an eine Hightech-Fräseinheit in der Zahnarztpraxis übermittelt, die das konstruierte Restaurationsstück vollautomatisch aus einem kleinen Block hochwertiger Keramik herausfräst. Es sei eine klassische Win-win-Situation, sagt Dr. Böhmer. Der Patient habe eine zahnärztliche Restauration schon bei der ersten Konsultation – nach durchschnittlich einer Stunde und zu Kosten von 1000 Franken verlasse er die Praxis und könne zubeißen wie zuvor – mit «unbeschränkter Garantie». Dr. Böhmer hat schon rund 2500 solchermaßen angefertigte Restaurationsstücke erfolgreich eingesetzt und gehört damit in der Schweiz mit Sicherheit zu den absoluten Spitzenreitern. Keramik habe den großen Vorteil, dass der Zahnersatz fast wie ein echter Zahn aussieht, lichtdurchlässig und – da biokompatibel und metallfrei – selbst für Allergiker sehr gut verträglich ist.

Damit fällt eine Stufe in der Wertschöpfungskette – das Zahnlabor – durch Automatisierung weg. Das spart nicht nur Zeit und Geld, der Patient wird damit optimal versorgt. Was ist der nächste und übernächste Schritt? Der nächste Schritt scheint klar: Das Fräsverfahren ist beschränkt durch die Formen, welche die Fräsmaschine bewerkstelligen kann. Die Zukunft liegt deshalb wohl in 3D-Verfahren, die das Restaurationsstück Schicht für Schicht aufbauen. Dabei wäre man weitgehend frei in den Formen und Farben beziehungsweise Farbverläufen – nur ist das richtige Material ein Knackpunkt: Denn ein Zahnersatz muss natürlich enorm stabil sein und jahrzehntelang halten.

Die Inspiration zum übernächsten Schritt kommt aus der Lektüre der «South China Morning Post»:[63] Ein Roboter, so liest man staunend, habe einer Patientin in einer einstündigen Operation zwei Zähne eingesetzt, die zuvor mittels 3D-Drucker hergestellt wurden. Der Roboter habe sich bewährt: Nicht nur würden durch den «digitalen Zahnarzt» menschliche Fehler verhindert, die Implantate seien auch im Fehlerbereich von 0,2 bis 0,3 mm eingesetzt worden, was durchaus akzeptabel erscheine. Der Roboter wurde konstruiert, um dem Zahnärztemangel im Reich der Mitte zu begegnen: Rund 400 Millionen Chinesen benötigen künstliche Zähne. Gemäß Dr. Zhao Yimin, offenbar einer der führenden Kapazitäten auf diesem Gebiet, habe der Roboter alle Erwartungen erfüllt: Er kombiniere die Erfahrung des Zahnarztes erfolgreich mit den Segnungen der Technologie. Doch das ist hierzulande wohl noch sehr ferne Zukunftsmusik.

Fall 2: «Harvard für alle» – Gamebreaker im Bildungswesen

Das disruptive Potenzial ist genau dort am größten, wo der (Kunden-)Schmerz am intensivsten ist. Das ist in der Ausbildung an Universitäten und Hochschulen in dreifacher Art und Weise in hohem Maße gegeben: Sowohl die Verwaltung und die Dozierenden wie auch die Kunden (Studierenden) der Hochschulen sind mit dem gängigen Modus Operandi nicht zufrieden. Die Hochschulverwaltung führt einen immerwährenden Kampf, um den knappen und kostbaren Platz in den Vorlesungssälen zu optimieren – denn Expansion in den Städten ist sehr teuer, wäre aber angezeigt: Die Studierendenzahlen nehmen selbst in einem überalterten Land wie der Schweiz noch zu. Die Dozierenden sind mit der steigenden Zahl der Studenten stark gefordert. Zudem sehen diese nur in seltenen Fällen einen besonders hohen Reiz darin, in überfüllten Hörsälen zu dozieren, sondern möchten lieber forschen und publizieren. Die «Kunden» der Hochschule, die Millennials dagegen möchten genau dann (und nur dann!) interagieren und lernen, wann sie es wollen – am liebsten nicht vor elf Uhr morgens! Sie sehen zunehmend nicht mehr ein, weshalb sie zu einer bestimmten Zeit in die Vorlesung sollten, und dann erst noch zu einem Professor an der eigenen Hochschule, wo doch ein anderer Professor an einer berühmten Universität viel besser wäre. Kurzum: Der klassische Modus stößt an seine Grenzen.

Andrew Ng, bei Google zuständig für Künstliche Intelligenz und Machine Learning, schuf Abhilfe. 2012 gründete er mit vergleichsweise bescheidenen 16 Millionen Dollar Wagniskapital das Start-up Coursera. Als ehemaliger Stanford-Professor kannte Ng die oben beschriebenen Herausforderungen ganz genau und wusste auch, dass die Eliteuniversitäten zunehmend Online-Kurse zur Verfügung stellen. Diese sollten im Coursera-Portal gebündelt und mit einer einheitlichen Benutzeroberfläche kostenlos zur Verfügung gestellt werden. Heute zählt Coursera 160 Universitäten auf der ganzen Welt zu seinen Partnern, hat 31 Millionen registrierte Studierende, stellt

2600 Kurse mit 236 Spezialisierungen zur Verfügung. MOOC, Massive Open Online Course, ist heute ein Megatrend: Die Universität Zürich beispielsweise stellt Kurse wie «Myocardial Infarction» (Herzinfarkt) oder «Finance im Alltag – das liebe Geld» zur Verfügung, letzterer für 49 Dollar mit Zertifikat oder kostenlos ohne Zertifikat, angereichert mit Leseaufgaben und Übungen. «Wir sind auf der Plattform Coursera präsent, da die Universität Zürich im Rahmen eines Pilotprojekts Erfahrung mit MOOCs sammeln wollte und wir diesen Zugang zu einer interessierten, lernbereiten Zielgruppe nutzen wollten», sagt Dr. Elisabeth Liechti, Leiterin des Teaching Center am Institut für Banking und Finance der Universität Zürich. Liechti sieht in MOOCs vor allem ein großes Potenzial als Ergänzung bestehender Angebote: «Aus unserer Sicht sind MOOCs in unseren Breitengraden aktuell vor allem als Weiterbildungsangebot interessant. Eine wirkliche Ablösung von Ausbildungsprogrammen und eine komplette Verlagerung auf MOOC-Plattformen, wie beispielsweise in Amerika, scheint noch nicht in Sicht.» Doch das kann sich ändern, denn die Vorteile wie etwa Interaktivität und Individualität sind unübersehbar. Wie in einer «normalen» Universität stellen die Anbieter Skripte, begleitende und weiterführende Literatur zur Verfügung, geben Übungen vor und streuen teilweise Module mit interaktiven Elementen wie Gruppendiskussionen, Interviews oder ein Quiz ein. Coursera arbeitet auch mit vielen großen Unternehmen zusammen und unterstützt sie bei ihrem «War for Talents», indem Kurse genau in jenen Bereichen angeboten werden, wo die Nachfrage der Wirtschaft am größten ist, was schon zu einiger Kritik wegen Einseitigkeit Anlass gegeben hat.

Coursera ist mittlerweile der größte Anbieter von MOOCs und macht geschätzte 20 Millionen Dollar Umsatz. Zwar bezahlen die Studierenden für gewisse Dienstleistungen – etwa die erwähnten Abschlusszertifikate –, der eigentliche Nutzen von Coursera besteht aber in den Daten: Die Lernplattform weiß genau, wer sich wofür interessiert beziehungsweise welche Ausbildungen absolviert hat. Vermittlung von Studierenden an Unternehmen oder die zielgerichtete Werbung mit geringstem Streuverlust sind zwei von vielen Möglichkeiten, dieses Wissen zu kommerzialisieren.

Was ist der nächste Schritt in der Disruption traditioneller Ausbildungsstätten? Der Hintergrund des Coursera-Chefs Andrew Ng lässt vermuten: Coursera könnte versuchen, durch massiven Einsatz von Künstlicher Intelligenz die Universitäten als Anbieter von Online-Kursen ganz zu ersetzen. Denn Künstliche Intelligenz hat einige wesentliche Vorteile aufzuweisen. Sie wird schon heute eingesetzt, um etwa unverdauliche Handbücher, die ohnehin niemand liest, in «verdaubare» Lerneinheiten zu verpacken, mit Einbezug von Audio, Video oder virtuellen Assistenten. Dieser «Smart Learning Content» ist natürlich auch dort von großem Interesse, wo es gilt, sehr viele Quellen zu durchforsten und in den Lerninhalt zu integrieren: Über die Themen «Herzinfarkt» oder «Krebs» wird weltweit so intensiv geforscht, dass es selbst Spezialisten schwerfällt, auf dem neusten Stand zu bleiben – mit Künstlicher Intelligenz ist das kein Problem, sofern die Quellen online zur Verfügung stehen. Coursera könnte aber auch versuchen, das Lernerlebnis der Auszubildenden massiv zu verbessern und damit schnellere Resultate zu erzielen. 1968 hat der Psychologe Benjamin Bloom das Konzept des «Mastery Learning» eingeführt: Im Kern besagt die Theorie, dass Auszubildende einen bestimmten Stoff zu neunzig Prozent oder mehr beherrschen müssen, bevor es Sinn macht, die nächsten, darauf aufbauenden Lerninhalte zu vermitteln. Mastery Learning ist deshalb auf den Lernfortschritt jedes einzelnen Auszubildenden zugeschnitten und erfordert viele Feedbackschleifen, basierend auf kleinen Einheiten genau definierter, gut aufeinander aufbauender Lerninhalte. Diese Individualisierung ist natürlich mit Künstlicher Intelligenz für jeden Online-Lernenden sehr gut zu gewährleisten. Im chinesischen Fernsehen ging bereits der erste virtuelle Moderator auf Sendung,[64] ein auf Mastery Learning programmierter virtueller Lehrer ist da nicht mehr weit. Durch Lernanalyse könnte dieser die Lerninhalte für einen bestimmten Studierenden mittels Mastery Learning nicht nur portionieren, sondern permanent dynamisch und individuell anpassen – je nach Lernziel des jeweiligen Studierenden. Durch Künstliche Intelligenz können umfassende virtuelle Lernumgebungen geschaffen werden: Die University of South California beispielsweise hat für die US Army ein virtuelles Lernprogramm mit Avataren geschaffen, das die Soldaten auf die interkulturellen Erfahrungen beim Einsatz in anderen Ländern vorbereitet.[65]

Es spricht vieles dafür, dass sich das Bildungssystem in den nächsten Jahren ganz massiv ändern wird und dass mit Künstlicher Intelligenz angereicherte Lernplattformen bestehende Hochschulen disruptieren könnten.

Fall 3: Der digitale Anlageberater – Gamebreaker in der Vermögensverwaltung

Das weltweite Vermögen hat sich in den letzten zehn Jahren gemäß dem Global Wealth Report 2018 der Großbank Credit Suisse auf 317 Billionen Dollar verdoppelt.[66] Parallel dazu scheint sich auch – wenn auch etwas weniger schnell – das Wissen zu vermehren, wie denn dieser Reichtum am sinnvollsten anzulegen sei. Traditionell vertrauten sehr viele Vermögende auf eine herkömmliche Bank bei der Verwaltung ihres Reichtums, und das war in den allermeisten Fällen eine schlechte Entscheidung. Während die «Ultra High Net Worths», die Reichsten der Reichen, der Bank ziemlich genau diktieren können, welche Erträge sie erwarten und welche Gebühren sie dafür zu bezahlen bereit waren, wurden all die anderen Vermögenden abgezockt. Nicht nur mussten (und müssen) sie hohe Vermögensverwaltungs-, Transaktionskosten und Depotgebühren entrichten. Meistens verkaufen ihnen die Banken auch noch die eigenen Anlagefonds, für die dann wieder eine Verwaltungsgebühr anfällt. Alles in allem belaufen sich die Vermögensverwaltungskosten schnell einmal auf 2 bis 3 Prozent der Anlagesumme – die Skala ist dabei nach oben offen, insbesondere wenn noch Hedge-Fonds berücksichtigt werden. Das hat dramatische Folgen: Erzielt man mit einer Startsumme von 10 000 Franken bei einer Rendite von 6 Prozent über dreißig Jahre eine Endsumme von etwas mehr als 60 000 Franken, sind es bei einer durch Gebühren geschmälerten Rendite von 3 Prozent nurmehr 24 500 Franken. Rechnet man noch 2 Prozent Inflation dazu, sieht die reale Rendite bescheiden aus.

Doch das ist nicht das Schlimmste: 6 Prozent Rendite entspricht zwar etwa der durchschnittlichen Nominalrendite (ohne Berücksichtigung der Inflation) von Schweizer Aktien in den letzten hundert Jahren. Nur erreichen das die allermeisten Aktien-Anlagefonds bei weitem nicht: Je länger der Zeitraum, desto mehr und wahrscheinlicher hinkt die Rendite der aktiv gemanagten Anlagefonds dem Durchschnitt aller Aktien (dem «Index») hinterher. Denn Manager sind Menschen, und Menschen machen Fehler. Mit anderen Worten: Die Banken und ihre Anlagefonds sind nicht nur teuer, sie erbringen auch unterdurchschnittliche Renditen mit ihren aktiv verwalteten Anlagefonds.

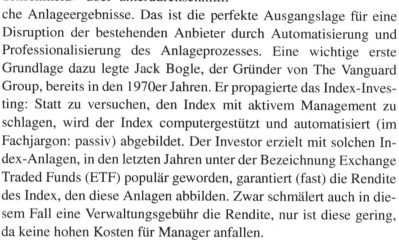

Das Wissen der Kunden ist in den letzten Jahren deutlich gestiegen – und damit auch der «Kundenschmerz» über unterdurchschnittliche Anlageergebnisse. Das ist die perfekte Ausgangslage für eine Disruption der bestehenden Anbieter durch Automatisierung und Professionalisierung des Anlageprozesses. Eine wichtige erste Grundlage dazu legte Jack Bogle, der Gründer von The Vanguard Group, bereits in den 1970er Jahren. Er propagierte das Index-Investing: Statt zu versuchen, den Index mit aktivem Management zu schlagen, wird der Index computergestützt und automatisiert (im Fachjargon: passiv) abgebildet. Der Investor erzielt mit solchen Index-Anlagen, in den letzten Jahren unter der Bezeichnung Exchange Traded Funds (ETF) populär geworden, garantiert (fast) die Rendite des Index, den diese Anlagen abbilden. Zwar schmälert auch in diesem Fall eine Verwaltungsgebühr die Rendite, nur ist diese gering, da keine hohen Kosten für Manager anfallen.

Gleichzeitig mit den kostengünstigen ETFs kamen sogenannte Online-Broker auf: Sie ermöglichen es den Anlagekunden, ihre Börsengeschäfte am PC selbst vorzunehmen. Die Transaktionskosten und Depotgebühren dieser Online-Broker belaufen sich auf einen Bruchteil der traditionellen Banken. Der Anbieter Interactive Brokers bietet ein völlig digitalisiertes Anmelde- und Abwicklungsverfahren für Kunden an. Durch diese Digitalisierung sind die Grenzkosten für Neukunden so klein, dass Interactive Brokers keine Depotgebühren verlangt, und die Transaktionskosten für Aktienkäufe belaufen sich auf ein paar Rappen oder im Höchstfall auf ein paar

Franken – bei Banken würde man für dieselbe Abwicklung Hunderte von Franken bezahlen.

Die nächste Stufe der Automatisierung läuft seit ein paar Jahren unter der Bezeichnung «Roboadvisor» an. Sie setzt sich zusammen aus «Robo» (Roboter) und «Advisor» (Berater) und beschreibt die automatisierte Beratung und Abwicklung in der Anlage- und Vermögensverwaltung. Der Kunde sieht sich bei der digitalen Vermögensverwaltung allerdings nicht einem Roboter gegenüber, sondern er vertraut einem Algorithmus, der ihm hilft, sein Geld regelbasiert und abgestimmt auf seine Ziele und seine Risikotoleranz anzulegen – ganz einfach mittels PC oder Smartphone. Dafür stehen ihm in der Regel verschiedene Anlagestrategien zur Verfügung. Die im Algorithmus definierten Regeln machen den Anlageprozess sicherer und ertragreicher – sofern sich die Kunden an die allgemeinen Vorgaben halten: Gebühren für die Anlageprodukte tief halten (ETF bevorzugen), Diversifikation, kein kurzfristiges Stock Picking, Disziplin auch in turbulenten Börsenphasen und langer Horizont. Meist wird die digitale Anlageberatung noch mit «traditionellen» Kundenberatern unterstützt – das Bedürfnis, trotz allem mit «realen» Menschen vor und während dem Anlageprozess interagieren zu können, ist offenbar noch weit verbreitet.

Während die ersten «Roboadvisors» als unabhängige Anlageberater daherkamen, die den traditionellen Banken mit ihrem überlegenen Angebot das Leben schwer machten, kommt es nun zu einer wohl noch weitergehenden Disruption des traditionellen Bankings. Adriano Lucatelli, Gründer des Roboadvisor-Pioniers Descartes Finance, fährt mittlerweile einen Plattformansatz: Kunden können zwischen verschiedenen Depotbanken und Vermögensverwaltern wählen, der Allokationsprozess der verschiedenen Vermögensklassen wird dabei vom Algorithmus von Descartes Finance entsprechend dem Risikoprofil des Kunden vorgenommen: Je höher die Risikobereitschaft beziehungsweise Schwankungstoleranz des Kunden, desto höher wird die langfristige Rendite sein. Die Vermögensverwalter beziehungsweise deren Produkte werden dabei vor dem Aufschalten einer qualitativen Analyse unterzogen.

Die nächsten Stufen in der Disruption zeichnen sich ab. Zwar werde der hybride Ansatz mit digitaler Plattform und Beratern aus Fleisch und Blut gemäß Lucatelli bestehen bleiben, «denn die Wohlhabenden wollen nach wie vor eine menschliche Ansprechperson», aber das ganze Kundenerlebnis werde immer intuitiver, individueller und noch besser abgestimmt auf die jeweiligen Wünsche und Vorlieben der Kunden. Diese werden in Zukunft auf ihrer persönlichen Benutzeroberfläche diejenigen Microservices auswählen können, die sie gerade brauchen – mit Komponenten wie etwa Optimierungsrechnern nach Maßgabe ihrer ganz persönlichen Anlagebedürfnisse. Diese weitgehende Individualisierung ist natürlich nur mit Künstlicher Intelligenz machbar. Die angebotenen Microservices seien im Übrigen nicht auf die Geldanlage beschränkt. Gut denkbar wären auch andere Microservices, wie zum Beispiel die Vermittlung von Krediten zwischen Anbietern und Nachfragern – diese «unsichtbare Bank» sei mit den heute zur Verfügung stehenden Technologien eine realistische Vision. Entscheidend sei die Flexibilität der Plattform: Sie müsse erweiterbar und gut skalierbar sein – zumal sich auf der Infrastrukturebene im Finanzbereich in nächster Zeit vieles radikal ändere. So hat im November 2018 die Schweizer Börse SIX eine «Blockchain-Börse» für 2019 angekündigt – nur: Wer braucht noch die Institution Börse, wenn Aktienhandel zwischen zwei Individuen über Blockchain abgebildet und abgewickelt werden kann? Die Descartes-Plattform müsse solche und andere tiefgreifenden Veränderungen in der Finanzbranche abbilden können, meint dazu der Experte Lucatelli.

Das Marktpotenzial für die digitale Anlageberatung auf der Basis von Roboadvisors ist gigantisch: Verschiedene Marktforscher schätzen das Potenzial der so verwalteten Anlagesummen auf 2,2 bis 3,7 Billionen Dollar, das bis 2025 auf 16 Billionen Dollar steigen soll – das wäre etwa das Dreifache des heutigen Branchenprimus BlackRock.[67] Traditionelle Vermögensverwalter müssen eine Strategie finden, um mit dieser neuen Realität umzugehen – oder sie werden verschwinden.

Anmerkungen

1. Thommen, J.-P./Ruoff, M.: Beyond Industrie 4.0, IM+io Fachzeitschrift für Innovation, Heft 2, Juni 2016, S. 71.
2. Beinhocker, E.D.: The Origin of Wealth: Evolution, Complexity, and the Radical Remaking of Economics, Harvard Business School Press, Boston 2006.
3. Anthony, S.D./Viguerie, S.P./Schwartz, E.I./Van Landeghem, J.: Corporate Longevity Briefing. Innosight, https://www.innosight.com/insight/creative-destruction/
4. Die inkrementelle Innovation wird in Anlehnung an die englische Bezeichnung (Sustaining Innovation) auch als erhaltende Innovation bezeichnet.
5. Siehe dazu z.B. Lewrick, M./Link, P./Leifer, L.: Das Design Thinking Playbook. 2., überarbeitete Auflage, Versus Verlag, Zürich 2018.
6. Keese, Ch.: Disrupt yourself. Vom Abenteuer, sich in der digitalen Welt neu erfinden zu müssen. Penguin Verlag, München 2018, S. 1 ff.
7. Defense.gov News Transcript: DoD News Briefing – Secretary Rumsfeld and Gen. Myers, United States Department of Defense (defense.gov), http://archive.defense.gov/Transcripts/Transcript.aspx?TranscriptID=2636
8. «Ich finde Berichte über etwas, das nicht passiert ist, interessant. Wie wir wissen, gibt es Dinge, die wir wissen. Wir wissen auch, dass es Unbekanntes gibt, von dem wir wissen, dass es unbekannt ist. Wir wissen auch, dass es Dinge gibt, die wir nicht wissen. Aber es gibt auch Dinge, von denen wir nicht wissen, dass wir sie nicht wissen. Wenn wir die Geschichte unseres Landes und anderer freier Länder anschauen, können wir feststellen, dass es immer die letzte Kategorie ist, die uns Schwierigkeiten bereitet.» (Eigene Übersetzung)
9. Siehe dazu Thommen, J.-P.: Blinde Flecke – ein Fall für Management 2. Ordnung. In: von Ameln, F./Kramer, J./Stark, H.: Organisationsberatung beobachtet. Hidden Agendas und Blinde Flecke. VS Verlag, Wiesbaden 2009, S. 105–112.
10. Taleb, N.N.: Der schwarze Schwan. Die Macht höchst unwahrscheinlicher Ereignisse. Hanser Verlag, München 2008.
11. http://www.fr.de/wirtschaft/versandhaendler-amazon-amazon-plant-zustellung-per-drohne-a-646388
12. https://www.amazon-watchblog.de/prime/1307-amazon-patent-lieferdrohnen-reagieren-menschliche-stimmen-bewegungen.html
13. https://www.oecd.org/employment/Automation-policy-brief-2018.pdf
14. https://www.oecd.org/employment/Automation-policy-brief-2018.pdf, S. 1
15. https://www.economiesuisse.ch/en/articles/digitisation-real-threat-future-jobs-or-just-distorted-perception
16. https://www.aeaweb.org/articles?id=10.1257/jep.29.3.3
17. http://www.zeit.de/1982/30/gesiegt-hat-mrs-thatcher

18. Thommen, J.-P.: Spurenwechsel. Das Reflexions- und Notizbuch für erfolgreiches Handeln. Versus Verlag, Zürich 2015.
19. https://www.tagesanzeiger.ch/wirtschaft/konjunktur/Was-aus-arbeitslosen-Bankern-wird/story/15315628
20. Schmidt, E./Rosenberg, J.: Wie Google tickt. Campus Verlag, Frankfurt 2015 (Vorwort).
21. Schmidt, E./Rosenberg, J.: Wie Google tickt. Campus Verlag, Frankfurt 2015, Kapitel «Firmenkultur: Glaub an Deine Slogans», S. 42.
22. Schmidt, E./Rosenberg, J.: Wie Google tickt. Campus Verlag, Frankfurt 2015, S. 21.
23. Pugh, E.W./Johnson, L.R./Palmer, J.H.: IBM's 360 and Early 370 Systems. The MIT Press, Cambridge/Massachusetts und London/England 1991.
24. Collins, J.: Good to Great. Why Some Companies Make the Leap ... and Others Don't. Random House, London 2001.
25. Gladwell, M.: Tipping Point. Wie kleine Dinge Großes bewirken können. Goldmann Verlag, München 2016 (1. Auflage 2000).
26. https://migipedia.migros.ch/de/
27. Handelszeitung, 11.8.2015 https://www.handelszeitung.ch/politik/sechs-argumente-fuer-den-einkaufstourismus-831400
28. https://www-03.ibm.com/press/us/en/pressrelease/53581.wss
29. HP Geschäftsbericht 2003, http://www.hp.com/hpinfo/investor/financials/annual/2003/hp2003_ar_text.pdf
30. Wadhwa, V.: Here's why patents are innovation's worst enemy. In: The Washington Post, 11. März 2015.
31. Grove, A.S.: Only the Paranoid Survive: How to Exploit the Crisis Points That Challenge Every Company. Doubleday, New York 1999.
32. https://www.cnbc.com/2018/10/29/ibms-red-hat-acquisition-is-a-desperate-deal-says-analyst.html
33. https://www.golem.de/news/ibm-kauft-red-hat-die-riesige-verzweifelte-wette-auf-die-cloud-1810-137384-3.html
34. https://www.shroutresearch.com/blog/2017/11/6/hp-maintains-pc-market-share-leadership-with-innovative-designs
35. https://www.forbes.com/sites/hp/2017/05/18/six-keys-for-3d-printing-to-unlock-the-12-trillion-manufacturing-market1/#fb9ad011a79b
36. https://www.accenture.com/us-en/insight-outlook-california-dreaming-corporate-culture-silicon-valley
37. Robertson, B.J.: Holacracy: The New Management System for a Rapidly Changing World. June 2, 2015, Henry Holt and Company, New York 2015.
38. https://www.businessinsider.com/best-dilbert-comics-2015-10#8-november-12-2009-roll-a-donut-in-front-of-the-cave-3
39. Robertson, B.J.: Holacracy: The New Management System for a Rapidly Changing World. June 2, 2015, Henry Holt and Company, New York 2015.
40. https://www.blick.ch/news/wirtschaft/eigenverantwortung-statt-hierarchie-swisscom-schafft-die-chefs-ab-id7233795.html
41. Sanner, B./Bunderson, J.S.: The Truth About Hierarchy. MIT Sloan Management Review, Cambridge, Vol. 59, No. 2, Winter 2018, S. 49–52.
42. Zitiert nach https://folio.nzz.ch/2016/maerz/weg-mit-dem-chef
43. http://www-03.ibm.com/ibm/history/ibm100/us/en/icons/employeeedu/
44. https://www.smithsonianmag.com/smithsonian-institution/how-five-letter-word-built-104-year-old-company-180955899/

45 Mills, D.Q./Friesen, G.B.: Broken Promises: An Unconventional View of What Went Wrong at IBM. Harvard Business School Press, 1996.
46 Kaudela-Baum, S./Holzer, J./Kocher, P.-Y.: Innovation Leadership. Springer Gabler, Wiesbaden 2014, S. 31f.
47 https://www.srf.ch/news/wirtschaft/swatch-group-nick-hayek-bleibt-optimistisch
48 https://www.credit-suisse.com/corporate/de/articles/news-and-expertise/the-family-business-premium-201809.html
49 Marshall, J./McLean, A.: Exploring Organisation Culture as a Route to Organisational Change. In: Hammond, V. (ed.): Current Research in Management. Francis Pinter, London 1985, S. 2–20.
50 Bright, D./Parkin, B.: Human Resource Management. Concepts and Practices. Business Education Publishers Ltd., 1997, S. 13.
51 https://ieeexplore.ieee.org/document/4065609
52 Pörksen, B. (Hrsg.): Schlüsselwerke des Konstruktivismus. Springer VS, Wiesbaden 2011.
53 Hersch, J.: Die Unfähigkeit, Freiheit zu ertragen. Benziger Verlag, Zürich und Köln 1974.
54 Asch, S.: Social Psychology. Oxford University Press, Oxford/New York 1987.
55 Noelle-Neumann, E.: Die Schweigespirale. Öffentliche Meinung – unsere soziale Haut. Langen Müller, München 1980.
56 Sisodia, R./Sheth, J.N./Wolfe, D.: Firms of Endearment: How World-Class Companies Profit from Passion and Purpose. Pearson Education, New Jersey 2014.
57 https://www.businessinsider.de/chinesische-forscher-haben-zum-ersten-mal-ein-objekt-teleportiert-2017-7
58 https://www.ombudsman-touristik.ch/portraet/
https://www.bazl.admin.ch/bazl/de/home/gutzuwissen/fluggastrechte.html
https://www.eu-rights.com/?gclid=Cj0KCQiA28nfBRCDARIsANc5BFDYqGrj0xiEAqjnRnkjcv9SCFaX4W2gLqnIITNldazzjCeK7mI-QjAaAiy_EALw_wcB
https://www.flug-reklamation.ch/flug-entsch%C3%A4digung/%C3%BCber-uns/
59 http://www.harvardbusinessmanager.de/blogs/keine-privaten-projekte-mehr-bei-google-a-919847.html
60 Kelley, D./Kelley, T.: Kreativität & Selbstvertrauen: Der Schlüssel zu Ihrem Kreativbewusstsein. 2. Auflage, Verlag Hermann Schmidt, Mainz 2014.
61 https://www.zeit.de/2010/06/C-Ideenmanagement
62 https://www.onion.ch/de/fakten.html
63 https://www.scmp.com/news/china/article/2112197/chinese-robot-dentist-first-fit-implants-patients-mouth-without-any-human
64 https://www.sueddeutsche.de/medien/ki-nachrichtensprecher-china-1.4205139
65 The Hague Center for Strategic Studies: Artificial Intelligence and the Future of Defense: Strategic Implications. The Hague, 2017, S. 93.
66 https://www.credit-suisse.com/corporate/en/articles/news-and-expertise/global-wealth-report-2018-us-and-china-in-the-lead-201810.html
67 https://www2.deloitte.com/content/dam/Deloitte/de/Documents/financial-services/Deloitte-Robo-safe.pdf

Literatur

Asch, S.: Social Psychology. Oxford University Press, Oxford/New York 1987.

Autor, D. H.: Why Are There Still So Many Jobs? The History and Future of Workplace Automation. Journal of Economic Perspectives, Vol. 29, No. 3, Summer 2015, S. 3–30.

Beinhocker, E. D.: The Origin of Wealth: Evolution, Complexity, and the Radical Remaking of Economics, Harvard Business School Press, Boston 2006.

Bright, D./Parkin, B.: Human Resource Management. Concepts and Practices. Business Education Publishers Ltd., 1997.

Collins, J.: Good to Great. Why Some Companies Make the Leap … and Others Don't. Random House, London 2001.

Gladwell, M.: Tipping Point. Wie kleine Dinge Großes bewirken können. Goldmann Verlag, München 2016 (1. Auflage 2000).

Grove, A. S.: Only the Paranoid Survive: How to Exploit the Crisis Points That Challenge Every Company. Doubleday, New York 1999.

Hammer, M./Champy, J.: Business Reengineering. Die Radikalkur für das Unternehmen. 7. Auflage, Campus Verlag, Frankfurt 2003.

Hersch, J.: Die Unfähigkeit, Freiheit zu ertragen. Benziger Verlag, Zürich und Köln 1974.

Kaudela-Baum, S./Holzer, J./Kocher, P.-Y.: Innovation Leadership. Springer Gabler, Wiesbaden 2014.

Keese, Ch.: Disrupt yourself. Vom Abenteuer, sich in der digitalen Welt neu erfinden zu müssen. Penguin Verlag, München 2018.

Kelley, D./Kelley, T.: Kreativität & Selbstvertrauen: Der Schlüssel zu Ihrem Kreativbewusstsein. 2. Auflage, Verlag Hermann Schmidt, Mainz 2014.

Lewrick, M./Link, P./Leifer, L.: Das Design Thinking Playbook. 2., überarbeitete Auflage, Versus Verlag, Zürich 2018.

Maney, K.: The Maverick and His Machine: Thomas Watson, Sr, and the Making of IBM. Wiley, 2003.

Marshall, J./McLean, A.: Exploring Organisation Culture as a Route to Organisational Change. In: Hammond, V. (ed.): Current Research in Management. Francis Pinter, London 1985, S. 2–20.

Mills, D. Q./Friesen, G. B.: Broken Promises: An Unconventional View of What Went Wrong at IBM. Harvard Business School Press, 1996.

Noelle-Neumann, E.: Die Schweigespirale. Öffentliche Meinung – unsere soziale Haut. Langen Müller, München 1980.

Pörksen, B. (Hrsg.): Schlüsselwerke des Konstruktivismus. Springer VS, Wiesbaden 2011.

Pugh, E. W./Johnson, L. R./Palmer, J. H.: IBM's 360 and Early 370 Systems. The MIT Press, Cambridge/Massachusetts und London/England 1991.

Robertson, B. J.: Holacracy: The New Management System for a Rapidly Changing World. June 2, 2015, Henry Holt and Company, New York 2015.

Robertson, B. J.: Holacracy: Ein revolutionäres Management-System für eine volatile Welt. Vahlen, München 2016.

Sanner, B./Bunderson, J. S.: The Truth About Hierarchy. MIT Sloan Management Review, Cambridge, Vol. 59, No. 2, Winter 2018, S. 49–52.

Schmidt, E./Rosenberg, J.: Wie Google tickt. Campus Verlag, Frankfurt 2015.

Sisodia, R./Sheth, J. N./Wolfe, D.: Firms of Endearment: How World-Class Companies Profit from Passion and Purpose. Pearson Education, New Jersey 2014.

Taleb, N. N.: Der schwarze Schwan. Die Macht höchst unwahrscheinlicher Ereignisse. Hanser Verlag, München 2008.

The Hague Center for Strategic Studies: Artificial Intelligence and the Future of Defense: Strategic Implications. The Hague, 2017, S. 93.

Thommen, J.-P.: Blinde Flecke – ein Fall für Management 2. Ordnung. In: von Ameln, F./Kramer, J./Stark, H.: Organisationsberatung beobachtet. Hidden Agendas und Blinde Flecke. VS Verlag, Wiesbaden 2009, S. 105–112.

Thommen, J.-P.: Spurenwechsel. Das Reflexions- und Notizbuch für erfolgreiches Handeln. Versus Verlag, Zürich 2015.

Thommen, J.-P./Ruoff, M.: Beyond Industrie 4.0, IM+io Fachzeitschrift für Innovation, Heft 2, Juni 2016, S. 71.

Wadhwa, V.: Here's why patents are innovation's worst enemy. In: The Washington Post, 11. März 2015.

Watson, Th. J.: Father, Son & Co.: My Life at IBM and Beyond. Bantam, 2000.

Watzlawick, P.: Anleitung zum Unglücklichsein. 15. Auflage, Piper, München 2009 (Erstausgabe 1983).

Stichwortverzeichnis

Abwehrmechanismus 100
agile Organisation 68
Algorithmus 13, 162
«Am Rande des Chaos»-
   Organisation 68
Anti-Gamebreaker 17
Arbeiten am System ... 13–14, 16, 51
Arbeiten im System ... 13–14, 16, 51
Augmented Reality 117
   -Brille 43
   -Lösung 43
Automatisierung 42
Avatar 25, 159
blinde Flecke 39
Blockchain-Börse 163
BPR – Business Process
   Reengineering 10–14
Brainstorming 133
Bürokratie 82
bürokratische Organisation 68
Ceramic Reconstruction 154
Chatbots 25
Cloud 10, 30, 32, 130
   -Computing 32
Commoditisierung 55
Compliance 10
Cost-Cutting-Gone-Wrong 19
Defokussierung 18
Design Thinking 34
digitale Geschäftsmodelle 151
Disruption 27, 29
   Fremd- 151
Disruptionsdiagramm 102
Disruptionsrisiko 102

disruptive Geschäftsideen 118
disruptive Geschäftsmodelle 13
disruptive Innovation 27–28
disruptive Unternehmen 28
disruptives Gamebreaking 70
Drohnen 40
Effizienz 12
   -Innovation 27–28, 31, 115
Eintagsfliege 68
Fakebreaker 74–75
Fakebreaking 71
Familienunternehmen 92
Fintechs 68
Firms of Endearment 113
First Mover Advantage 54
Fog-Computing 32
Fog-Nodes 32
Fremddisruption 69, 151
Frustrationstagebuch 119
Gamebreaker
   -Blockade 38
   -Fähigkeiten 97
Gamebreaking 8–9, 15, 52, 97
   disruptives 70
Geistesblitz 130
Geisteshaltung 15
Geschäftsideen, disruptive 118
Geschäftsmodelle 17, 54
   digitale 151
   disruptive 13
Geschäftsprozesse 11
Google Maps 130
Hierarchie 84
«Hire-and-fire»-Kultur 92

Holacracy 83, 86–87, 95
Holografie 116
Hologramm 116
HP Way 61–63
IBM Fellows 129
inkrementelle
   Innovation 28–29, 115
Innovation
   disruptive 27–28
   Effizienz- 27–28, 31, 115
   inkrementelle 28–29, 115
Innovationsrituale 74
Internet of Things 32
known knowns 39
known unknowns 39
Komfortzone 38
Komplexität 68
Komplexitätsreduktion 68
Kunden-
   -frustration 122
   -leiden 115
   -perspektive, radikale 113
   -zufriedenheit 34
Künstliche Intelligenz 25, 42–43,
   158–159, 163
Love Brand 114
Machine Learning 25, 156
Management 1. Ordnung 13, 17
Management 2. Ordnung 14
Management-Paradox 67–68
Maschinenmodell 12
Matrixorganisation 49, 85
Mindmapping 133
Mixed-Reality-Brille 43
MOOC – Massive Open Online
   Course 157–158
Mystery Shopping 122

Narrenfreiheit 129
Netzwerk 140
   -Verbund 141
«Open Source»-Bewegung 78
Organisation
   agile 68
   «Am Rande des Chaos»- 68
   bürokratische 68
   Matrix- 49, 85
Organisationskultur 93
Organisationsmodelle 83
Organisationsstrukturen 57
Out-of-the-Box Thinking 15, 33
Plattformansatz 10, 54, 162
Plattform-Ökonomie 54
Predict and control 17, 33
radikale Kundenperspektive 113
Roboadvisor 162–163
schöpferische Zerstörung . . . 146, 150
Schwarzer Schwan 40
Selbstdisruption 60
Selbstreflexion 124–126
Simplifizierung 18
Stabilität 67
Stolpersteine 144
Storytelling 117
Tipping Point 69
Turbokapitalismus 52
unknown unknowns 39
Unternehmen, disruptive 28
Unternehmenskultur 92
Vernebelung 19
Verwirrung 18
Virtual Reality 117
Wertschöpfung 124, 151
Wettbewerbsfähigkeit 47
Wirklichkeit 99

Personenverzeichnis

Adams, Scott 81
Autor, David H. 47
Beinhocker, Eric D. 13
Bloom, Benjamin 158
Bogle, Jack 161
Böhmer, Ekkehard 153–154
Brin, Sergey 130
Buffett, Warren 145
Bunderson, J. Stuart 84
Chambers, John 90
Champy, James 11
Christensen, Clayton M. .. 27–29, 31
Clooney, George 92
Collins, Jim 68
Cruise, Tom 92–93
Dilbert 81–82
Duttweiler, Gottlieb .. 21–23, 26–27, 31, 71, 73, 114
Edison, Thomas Alva 144
Eichenberger, Reiner 72
Fiorina, Carly 42
Fishbein, Joel 78
Gates, Bill 106
Gladwell, Malcom 69
Grove, Andrew S. 76
Haefner, Walter 22
Hammer, Michael 11
Hayek, Nicolas 89
Hayek jr., Nicolas 91
Hersch, Jeanne 106, 110, 132
Hewlett, Bill 61
Holzer, Jacqueline 89
Hsieh, Tony 86
Jaques, Elliott 84

Jobs, Steve 59, 62
Katzenberg, Jeffrey 30
Kaudela-Baum, Stephanie 89
Keese, Christoph 37–38, 100
Kocher, Pierre-Yves 89
Liechti, Elisabeth 157
Lucatelli, Adriano 162–163
Maney, Kevin 64
Mark Twain 13
Mélenchon, Jean-Luc 116
Mills, Daniel Quinn 88
Musk, Elon 76, 79, 86, 144–146
Newton, Isaac 104
Ng, Andrew 156, 158
Nicholson, Jack 92, 98
Noelle-Neumann, Elisabeth 109
Packard, David 61, 64
Page, Larry 59, 64, 130
Platt, Lew 66
Robertson, Brian J. 83, 85–87
Rosenberg, Jonathan 64
Rumsfeld, Donald 39
Saffo, Paul 86
Sanner, Bret 84
Santiago, William 92
Schmid, Beat 121
Schumpeter, Joseph 150
Sheth, Jagdish 113
Sisodia, Rajendra S. 113
Taleb, Nassim Nicholas 40
Tesla, Nikola 144–146
Thatcher, Margaret 49
Thommen, Jean-Paul 52
Wadhwa, Vivek 75

Watson, Thomas J. 61, 64, 67–69,
    88–89, 129
Watzlawick, Paul 7
Westinghouse, George 144
Whitman, Meg 79
Wolfe, David B. 113
Yimin, Zhao 155

Firmen- und Markenverzeichnis

422 South 30
Accenture 79
Airbnb 13, 29, 54
Amag 22
Amazon 40–42, 79, 81, 141
Amazon Go 73
Android 13
Apple 13, 59, 68
Autonomy Corporation 77–78
Berkshire Hathaway 145
BlackRock 163
BMW 114, 145
Boston Dynamics 130
Bühler 117
Cisco 32, 90–91
Compaq 59, 130
Costco 114
Coursera 156–158
Credit Suisse 92, 160
Descartes Finance 162
Deutsche Bank 81
Digital Equipment Corporation
  (DEC) 58–59, 130
Dreamworks 30
Economiesuisse 46–47
Elsevier 60
Emerging Markets Technology
  Group (EMTG) 90
ETH Lausanne 117
ETH Zürich 43, 117
Facebook 25, 142
Flickr 142
Gartner 118

Google 13, 59, 61, 63–65, 68, 70,
  79, 81, 96, 107, 129–130, 156
Harvard 156
Henkel 137
HEV (Hauseigentümerverband) .. 121
Hewlett-Packard (HP) 75
HolacracyOne 85, 87
HP . 23, 60–66, 70, 74–75, 77–79, 88
HZ (Hypothekenzentrum) 121
IBM ... 31, 58, 60–61, 63–66, 68, 70,
  74–76, 78, 88, 129
Ikea 25
Institut für Arbeitsmarkt- und
  Berufsforschung der
  Bundesagentur für Arbeit
  (IAB) 44–45
Institut für Banking und Finance
  der Universität Zürich 157
Intel 32, 76, 141
Interactive Brokers 161
Lehman Brothers 64
Lenovo 79
Lidl 25
Lufthansa 120
Massachusetts Institute
  of Technology 98
Mercedes 34, 145
Microsoft 13, 59, 106, 117
Migipedia 71
Migros 21, 23, 71–73, 75, 114
Netcetera 117
Netscape Communications 59
Nokia 13

173

NV Uitgeversmaatschappij Elsevier 60
OECD 42, 44
Onion 140
Payne, Alexander 98
Red Hat 78
Reed Elsevier 60
Reed International 60
Relx Group 60
Revolut 33
SBB 117
Sidewalk Labs 107
Sigg & Duttweiler 21
Singapore National Research Foundation 117
SIX 163
Solarcity 145
Spiceworks 25
Swatch 89, 91–92
Swiss 120
Swisscom 83
Technorama 144
Tesla 34, 76, 79, 86, 145–146
Thai Airways 120
The Vanguard Group 161
Tripadvisor 55
Twitter 42
Uber 13, 29, 54, 64
Universität Zürich 43, 157
Universitätsklinik Balgrist 43
Universitätsspital Bern 117
University of South California ... 159
US Army 92, 159
Volkswagen 145
Whole Foods 114
Wirecard 81
Youtube 130, 142
Zahnarztpraxis Worb 153
Zalando 21
Zappos 86

Die Autoren

Beat Welte, Master of Arts Universität Zürich, ist selbständiger Unternehmensberater und Autor. Zuvor brachte er sein Gamebreaker-Potenzial erfolgreich während über fünfundzwanzig Jahren in leitenden Positionen bei global tätigen Unternehmen ein. Dazwischen führte er fünf Jahre lang als Chefredaktor die größte IT-Fachzeitschrift der Schweiz. Er ist Mitautor von zwei Büchern über Customer Relationship Management und Verfasser unzähliger Artikel und Kolumnen im Bereich Management und digitale Transformation.

Prof. Dr. Jean-Paul Thommen ist Professor der European Business School (Deutschland), Titularprofessor der Universität Zürich und Gastprofessor an der University of Zagreb (Kroatien). Dozent in Executive-Programmen an verschiedenen Universitäten in der Schweiz und in Deutschland sowie in Weiterbildungskursen für Firmen und Verbände. Forschungsschwerpunkte: Allgemeine Betriebswirtschaftslehre, systemisches Management, organisationales Lernen, Coaching, Unternehmensethik. Er ist Autor verschiedener Standardwerke zur Betriebswirtschaftslehre.

Achim Schmidt (Illustration) hat Industrie-Design studiert und über zehn Jahre als Autodesigner gearbeitet. Als Design Thinking Coach und Teaching Assistant war er an der HSG St. Gallen und an der FH Graz tätig. Er gibt Kurse zu den Themen «Design und Innovation», «Think-out-of-the-box», Visual Facilitation und Sketchnotes. Als Coach für Design Thinking und Agile Innovation sowie als Graphic Recorder (Live-Zeichner) hilft er Firmen bei der Gestaltung neuer, disruptiver Geschäftsmodelle. Er ist Co-Autor mehrerer Bücher zu Design Thinking und Innovation.

Zum Weiterdenken

Das DESIGN YOUR FUTURE Playbook
von Michael Lewrick und Jean-Paul Thommen
Visualisierung: Achim Schmidt

Veränderungen anstoßen, Selbstwirksamkeit stärken, Wohlbefinden steigern

ISBN 978-3-909066-16-2 · ca. 240 Seiten · flexibler Einband

Das Design Thinking Playbook
von Michael Lewrick, Patrick Link
und Larry Leifer (Hrsg.)

Mit traditionellen, aktuellen und zukünftigen Erfolgsfaktoren

ISBN 978-3-03909-277-2 · 342 Seiten · broschiert

Spurenwechsel – ~~Das~~
erfolgreiches Ha
von Jean-Paul Tho

ISBN 978-3-03909-
112 Blankoseiten, f
Lesezeichen, Gumr

Denkspuren – Das
von Maria Brehmer

ISBN 978-3-03909-1
132 Blankoseiten, fe
Lesezeichen, Gumm